VOL. 9

Dados Internacionais de Catalogação na Publicação (CIP)
(Câmara Brasileira do Livro, SP, Brasil)

Peruzzo, Cicilia Krohling.
 Relações públicas no modo de produção capitalista / Cicilia Krohling Peruzzo. - 5. ed. - São Paulo: Summus, 2016.
 (Novas buscas em comunicação; v. 9)
 Originalmente apresentada como dissertação de mestrado ao Instituto Metodista de Ensino Superior, São Bernardo do Campo, SP, em dezembro de 1981.
 Bibliografia.
 ISBN 978-85-323-0253-3
 1. Capitalismo 2. Relações públicas I. Título II. Série.

86-0027

CDD-659.2
-330.122

Índices para catálogo sistemático:

1. Capitalismo : Economia   330.122
2. Relações públicas   659.2

www.summus.com.br

Compre em lugar de fotocopiar.
Cada real que você dá por um livro recompensa seus autores
e os convida a produzir mais sobre o tema;
incentiva seus editores a encomendar, traduzir e publicar
outras obras sobre o assunto;
e paga aos livreiros por estocar e levar até você livros
para a sua informação e o seu entretenimento.
Cada real que você dá pela fotocópia não autorizada de um livro
financia o crime
e ajuda a matar a produção intelectual de seu país.

Relações Públicas no Modo de Produção Capitalista

Cicilia Krohling Peruzzo

summus
editorial

RELAÇÕES PÚBLICAS NO MODO DE PRODUÇÃO CAPITALISTA
Copyright © 1982, 1986 by Cicilia Krohling Peruzzo
Direitos desta edição reservados por Summus Editorial

Capa: **Léa W. Storch**

Summus Editorial
Departamento editorial:
Rua Itapicuru, 613 – 7º andar
05006-000 – São Paulo – SP
Fone: (11) 3872-3322
Fax: (11) 3872-7476
http://www.summus.com.br
e-mail: summus@summus.com.br

Atendimento ao consumidor:
Summus Editorial
Fone: (11) 3865-9890

Vendas por atacado:
Fone: (11) 3873-8638
Fax: (11) 3873-7085
e-mail: vendas@summus.com.br

Impresso no Brasil

Novas Buscas em Comunicação

O extraordinário progresso experimentado pelas técnicas de comunicação de 1970 para cá, representa para a Humanidade uma conquista e um desafio. Conquista, na medida em que propicia possibilidades de difusão de conhecimentos e de informações numa escala antes inimaginável. Desafio, na medida em que o avanço tecnológico impõe uma séria revisão e reestruturação dos pressupostos teóricos de tudo que se entende por comunicação.

Em outras palavras, não basta o progresso das telecomunicações, o emprego de métodos ultra-sofisticados de armazenagem e reprodução de conhecimentos. É preciso repensar cada setor, cada modalidade, mas analisando e potencializando a comunicação como um processo total. E, em tudo, a dicotomia teoria e prática está presente. Impossível analisar, avançar, aproveitar as tecnologias, os recursos, sem levar em conta sua ética, sua operacionalidade, o benefício para todas as pessoas em todos os setores profissionais. E, também, o benefício na própria vida doméstica e no lazer.

O jornalismo, o rádio, a televisão, as relações públicas, o cinema, a edição — enfim, todas e cada uma das modalidades de comunicação —, estão a exigir instrumentos teóricos e práticos, consolidados neste velho e sempre novo recurso que é o livro, para que se possa chegar a um consenso, ou, pelo menos, para se ter uma base sobre a qual discutir, firmar ou rever conceitos. *Novas Buscas em Comunicação* visa trazer para o público — que já se habituou a ver na Summus uma editora de renovação, de formação e de debate — textos sobre todos os campos da Comunicação, para que o leitor ainda no curso universitário, o profissional que já passou pela Faculdade e o público em geral possam ter balizas para debate, aprimoramento profissional e, sobretudo, informação.

Ao Dilvo,

companheiro em todas as situações, como resultado, ainda que inacabado, do nosso caminhar a dois.

Aos nossos filhos Janaína e Ernani,

para que possamos construir um mundo menos cinzento.

A todos aqueles que buscam tirar o fardo dos ombros e construir uma sociedade onde o sol brilhe para todos.

AGRADECIMENTOS

Aos professores e colegas que contribuíram para a concretização deste trabalho, especialmente ao Professor Dr. José Marques de Melo, meu orientador, por suas contribuições, incentivo e apoio. E também aos meus grandes mestres Octávio Ianni, Paulo Freire e Paulo José Krischke, com os quais aprendi a saborear o desvelamento do real.

A Dilvo Peruzzo, meu companheiro, com quem equacionei diferentes nexos da trama das relações sociais.

ÍNDICE

Prefácio 13
Introdução 17

Capítulo I — Relações Públicas na História Recente do Capitalismo 19
1. Relações Públicas nos Estados Unidos 19
2. Relações Públicas no Brasil 24
3. Relações Públicas e os meios de comunicação de massa .. 27
4. Relações Públicas e "relações humanas" 29

Capítulo II — Relações Públicas em seus Pressupostos Teóricos 33
1. Definição e objetivos 33
2. Princípios 37
3. Públicos 41
4. Funções oficiais 43
5. Relações Públicas como atividade persuasiva 45
6. Relações Públicas e responsabilidade social 49
7. Relação teoria e prática 52

Capítulo III — Relações Públicas e os Fundamentos Constitutivos do Modo de Produção Capitalista ... 57
1. A mercadoria e seu fetiche 57
2. Mais-valia 61
3. A cooperação 63
4. Relações Públicas: meio para predispor a força de trabalho à cooperação 69
5. Alienação 70

6. A não neutralidade das Relações Públicas 73
7. Classes sociais fundamentais do capitalismo 75
8. Relações Públicas nas relações entre as classes sociais 78

Capítulo IV — Relações Públicas e a Sociedade Civil e o Estado 95
1. A constituição da sociedade civil e Estado 95
2. Relações Públicas no âmbito da sociedade civil e do Estado: caso brasileiro 104

Capítulo V — Relações Públicas na Contramão 123
Conclusão 133
Bibliografia 135

"O tempo é o campo do desenvolvimento humano. O homem que não dispõe de nenhum tempo livre, cuja vida, afora as interrupções puramente físicas do sono, das refeições, etc., está toda ela absorvida pelo seu trabalho para o capitalista, é menos que uma besta de carga. É uma simples máquina, fisicamente destroçada e espiritualmente animalizada, para produzir riqueza alheia. E, no entanto, toda a história da moderna indústria demonstra que o capital, se não se lhe põe um freio, lutará sempre, implacavelmente e sem contemplações, para conduzir toda classe operária a este nível de extrema degradação."

Karl Marx

RELAÇÕES PÚBLICAS: ESSÊNCIA E APARÊNCIA

José Marques de Melo

Enquanto atividade sistemática de comunicação a serviço das organizações complexas, as Relações Públicas chegaram ao Brasil juntamente com as empresas estrangeiras concessionárias de serviços públicos. Essas companhias trouxeram não apenas capitais, mas também tecnologia e modelos administrativos, lançando assim as bases do capitalismo dependente que se projeta nos dias de hoje.

A primeira iniciativa foi tomada em 1914 pela Light, criando em São Paulo um departamento destinado a gerir as relações da companhia com os seus usuários e a cuidar dos negócios com as autoridades estaduais e municipais.

No entanto a expansão dos programas de Relações Públicas no país só ocorreria na década de 50, quando o processo de industrialização nacional assumiria nova feição, com a política de estímulo à absorção de capitais estrangeiros, principalmente norte-americanos.

É no bojo do desenvolvimentismo que o Brasil intensifica a importação de padrões culturais, transplantando estilos de vida, processos produtivos e sistemas de organização peculiares aos países capitalistas avançados.

A instalação dos novos parques fabris acarretou a necessidade de disseminar práticas gerenciais indispensáveis ao controle de grandes unidades manufatureiras e à dinamização de relações comerciais pautadas pelo consumo massivo. Para atender a essa demanda, a Escola Brasileira de Administração Pública da Fundação Getúlio Vargas, no Rio de Janeiro, realiza vasto programa de transferência científica e tecnológica, através de cursos, seminários e publicações.

No caso das Relações Públicas, contando inicialmente com o apoio da ONU e depois da USAID, a Fundação Getúlio Vargas traria especialistas norte-americanos e ingleses — Carlson, Childs, Shepherd, Jameson — para treinar ou aperfeiçoar os profissionais brasileiros que atuavam nessa área. Surgem desse programa os primeiros textos acadêmicos que oferecem paradigmas de Relações Públicas desenvolvidos nos países capitalistas metropolitanos, servindo como fonte de apoio para as atividades das empresas estrangeiras aqui sediadas ou das empresas brasileiras — principalmente estatais — que implantaram serviços do gênero.

Avaliando historicamente a bibliografia de Relações Públicas em língua portuguesa, percebe-se uma clara hegemonia norte-americana. Além dos livros traduzidos e editados pela FGV — Carlson (1953), Jameson (1954), Childs (1964) —, encontramos uma forte predominância de autores dos EUA nas publicações lançadas por outras editoras — Canfield (Pioneira, 1961), Baus (Fundo de Cultura, 1961), Center (Bestseller, 1964), Ettinger (USAID, 1964), Simon (Atlas, 1966). Uma das poucas exceções é o texto dos franceses Chaumely e Huisman (Difel, 1964).

A característica fundamental dessa produção teórica aqui disseminada é sua natureza instrumentalizadora. São ensaios ou manuais que apresentam as práticas de Relações Públicas já testadas nas nações de origem como modelos possíveis de serem reproduzidos nos países periféricos. Caracterizam-se, portanto, como textos que descrevem a *aparência* das Relações Públicas no contexto das relações econômicas e sociais.

Não fugiriam muito a essa tendência os primeiros estudos sobre Relações Públicas elaborados no Brasil. Pela própria natureza de textos destinados à capacitação de profissionais — nas empresas ou nas universidades —, a bibliografia brasileira de Relações Públicas reproduz a bibliografia estrangeira, principalmente norte-americana. O que, aliás, não é privilégio desse setor da comunicação, pois a marca da dependência cultural e do colonialismo científico tem estado presente — com alguns desvios, que se acentuam nos últimos anos — à produção intelectual da área.

Aparecem como variações significativas nesse panorama quatro estudos, que revelam inovação temática e buscam autonomia metodológica, detectando facetas típicas das Relações Públicas a partir de perspectivas brasileiras. São os trabalhos de May Nunes de Souza (1964) — *O Sistema de Comunicações na Fábrica*,[1] análise sociológica das práticas de relações públicas internas numa fábrica de

---

1. O estudo de May Nunes de Souza foi publicado como subcapítulo do livro de Juarez Brandão Lopes, *Sociedade Industrial no Brasil*, São Paulo, DIFEL/EDUSP, 1964, p. 114-130.

São Paulo; José Xavier de Oliveira — *Usos e Abusos de Relações Públicas* (Rio de Janeiro, FGV, 1971), diagnóstico das especificidades e distorções profissionais das Relações Públicas no Brasil; Martha Alves d'Azevedo — *Relações Públicas — Teoria e Processo* (Porto Alegre, Sulina, 1971), sistematização documentada dos processos convencionais de Relações Públicas, ilustrados com experiências tipicamente nacionais; e Cândido Teobaldo de Souza Andrade — *Psico-Sociologia das Relações Públicas* (Petrópolis, Vozes, 1974), reflexão ético-social em torno do dever-ser das Relações Públicas, ou seja, do seu comprometimento com o interesse público.

No entanto, apesar da originalidade apresentada, esses trabalhos permanecem cingidos à compreensão das Relações Públicas dentro das fronteiras de sua aparência. Melhor dizendo: não vislumbram essa atividade de comunicação enquanto instrumento de mediação social e de reprodução ideológica.

Esse é o mérito da tese de mestrado de Cicília Krohling Peruzzo — *Relações Públicas no Modo de Produção Capitalista* —, agora transformada em livro. Superando desde o início a configuração aparente das Relações Públicas na teia das relações sociais, ela enfrenta corajosamente a identificação da *essência*, buscando apreender sua gênese e seu desenvolvimento na história recente do capitalismo, e tentando compreender os seus fundamentos constitutivos como instrumento de controle social que emerge na passagem do capitalismo concorrencial para o capitalismo monopolista.

Trata-se sem dúvida de um estudo pioneiro, que introduz o método dialético no estudo das Relações Públicas e procura avançar na análise das práticas comunicativas que lhe são peculiares, como produtos simbólicos onde transparece o conflito entre as classes sociais na sociedade burguesa.

Trabalhando com um referencial teórico fincado em três disciplinas científicas — Teoria da Comunicação, Economia Política e História —, consegue a autora realizar um desvendamento das Relações Públicas como meio utilizado pela burguesia para predispor a força de trabalho à cooperação no processo produtivo e à alienação na engrenagem social. Dando um passo à frente, ela estuda também as contradições presentes às relações entre as classes sociais nas formações capitalistas contemporâneas, analisando a apropriação que o movimentos populares começam a fazer das Relações Públicas, empregando-as como elemento de resistência à dominação burguesa, na luta pela construção de uma nova hegemonia. Tanto uma dimensão quanto a outra privilegiam a realidade brasileira e trazem à discussão experiências de comunicação social que constituem manifestações típicas de Relações Públicas sob a égide da burguesia ou do operariado no Brasil de hoje.

Como todo trabalho pioneiro, este livro de Cicilia Maria Krohling Peruzzo certamente suscitará polêmicas. É possível até mesmo que venha a ser recebido com animosidade por aqueles grupos ou instituições que se considerem desnudados pela sua pesquisa desmitificadora. De uma circunstância, porém, ele não escapará: a de constituir um marco, em certo sentido um divisor de .águas, no estudo das Relações Públicas em nosso país. Depois dele será mais difícil continuar tecendo uma imagem apolítica das Relações Públicas, justificando a sua prática como ação profissional à margem dos antagonismos de classe.

Por ser inovador, é também um estudo que ainda se ressente de pequenas fragilidades e imperfeições. E é bom que assim o seja. Pois oferecerá estímulos aos que, desejosos de ultrapassar as trilhas aqui abertas, queiram prosseguir e desvendar novos caminhos.

Ao apresentar o livro de Cicilia Maria Krohling Peruzzo à comunidade acadêmica, não posso fugir à tentação de dizer da minha alegria em vê-lo publicado. Por duas razões. Primeiro, pela própria contribuição que faz ao estudo crítico da comunicação no Brasil. Segundo, por ter sido produto da primeira dissertação de mestrado em comunicação social, defendida no Centro de Pós-Graduação do Instituto Metodista de Ensino Superior, em São Bernardo do Campo, um espaço universitário que vem se abrindo ao exercício da liberdade acadêmica e despontando como núcleo de estímulo à criação intelectual.

São Paulo, 8 de fevereiro de 1982

INTRODUÇÃO

Este trabalho foi originalmente apresentado ao Instituto Metodista de Ensino Superior, São Bernardo do Campo, SP, em dezembro de 1981, como tese de Mestrado em Comunicação Social.

Aqui nos propomos compreender as Relações Públicas no modo de produção capitalista do século XX, quando elas se substantivam. Porém, não temos a pretensão de apresentar um trabalho acabado, mas de abrir pistas para novas análises.

Utilizamos o materialismo histórico como referencial teórico, visto que este possibilita a captação da constituição e reprodução da trama das relações sociais. Desse modo, tomamos as Relações Públicas inseridas nos nexos constitutivos do modo de produção capitalista na tentativa de apanhar os seus aspectos dinâmicos de como estão acontecendo. Uma vez que isto que estão sendo não é algo solto, é concreto, faz parte e perpassa a história. Elas participam da dinâmica das relações sociais fundadas nos antagonismos entre as classes sociais fundamentais do capitalismo. Nesta dinâmica das relações sociais as Relações Públicas se constituem tanto aqui no Brasil como em todo mundo capitalista. Assim, nossa análise também considera o universal do modo de produção capitalista. Uma outra dimensão metodológica está em não nos atermos ao que está na aparência, ou seja, de as Relações Públicas estarem a serviço de toda a sociedade. Procuraremos apanhar a sua essência, ou seja, de estarem comprometidas com o capital a serviço de uma classe e de que suas manifestações em instituições e no Estado formam um todo coerente em busca da hegemonia burguesa. É nessa trama de relações que se configuram as Relações Públicas onde o real não se dá a conhecer de forma imediata e transparente de uma só vez. Como compreensão desse real nossa análise não está posta com rigor cronológico, nem pretende aprofundar todas as questões levantadas.

Este trabalho baliza-se por uma ótica diversa da encontrada na bibliografia corrente de Relações Públicas. Esta a nível prático-teórico tem como pressuposto a igualdade social, não levando em conta os antagonismos, buscando a harmonia social e considerando que as Relações Públicas estão a serviço da sociedade como um todo.

O estudo aqui desenvolvido mostra que as Relações Públicas estão diretamente vinculadas à apropriação do excedente, bem como à reprodução das condições necessárias à acumulação capitalista.

Em outras palavras, visam potenciar a força de trabalho a gerar maior excedente e visam assegurar a reprodução das relações sociais de produção existentes, interferindo para que interesses de públicos sejam satisfeitos, desviando a atenção da luta de classes, camuflando conflitos de classe e tentando criar identidade entre interesse público e interesse privado através da educação da sociedade em torno dos interesses da classe dominante. Estão pois a serviço de uma classe social.

Por outro lado, dentro da historicidade do social, os antagonismos entre as classes sociais fundamentais na sociedade capitalista que trazem em seu bojo o germe de sua negação, potenciam a classe dominada a se apropriar das Relações Públicas enquanto instrumental para constituição de nova hegemonia.

Este trabalho se divide em cinco capítulos. No primeiro capítulo apanhamos o surgimento das Relações Públicas nos Estados Unidos e no Brasil, como necessidade do capitalismo em sua história recente. No segundo capítulo a preocupação fundamental é reproduzir o que é dado em Relações Públicas na bibliografia corrente na tentativa de ressaltar alguns de seus pressupostos teóricos. No terceiro capítulo ressaltamos aspectos constitutivos do funcionamento do modo de produção capitalista e analisamos as funções das Relações Públicas aí inseridas uma vez realizadas por diferentes empresas. No quarto capítulo indicamos o funcionamento da sociedade civil e do Estado e analisamos funções das Relações Públicas em organismos da sociedade civil e no Estado. No quinto capítulo procuramos refletir sobre a possibilidade de as Relações Públicas "mudarem de senhorio" [1] e servir aos interesses da classe dominada.

---

1. Expressão de José J. Queiroz em palestra proferida durante o IX Congresso Brasileiro de Comunicação Social, em 1980.

CAPÍTULO I — RELAÇÕES PÚBLICAS NA HISTÓRIA RECENTE DO CAPITALISMO

No processo de desenvolvimento do modo de produção capitalista, mais precisamente no início do século XX, as Relações Públicas começam a adquirir forma em países capitalistas avançados, mas a atividade só vai começar a se estruturar nos anos subseqüentes à Primeira Guerra Mundial.

1. RELAÇÕES PÚBLICAS NOS ESTADOS UNIDOS

Nos Estados Unidos as Relações Públicas tiveram início na "indústria moderna (...) na primeira década de nosso século, quando a indústria começou a ser atacada por líderes do governo e escritores de fama. Conhecido caricaturista ironizava o mundo dos negócios mostrando o consumidor sendo chutado, como se fosse uma bola de futebol".[1]

É atribuída a Ivy L. Lee "a glória de ter sido o primeiro a colocar em prática princípios e técnicas de RP".[2] Sua atuação nos Estados Unidos ocorre nas primeiras décadas deste século: "criou o primeiro escritório mundial de Relações Públicas, em Nova Iorque, em 1906"[3] e "em dezembro de 1914 iniciou seu trabalho como consultor pessoal de John D. Rockefeller Júnior".[4]

---

1. CANFIELD, Bertrand R. *Relações públicas*. v. 1, p. 22 e 23.
2. ANDRADE, C. Teobaldo de S. *Panorama histórico das relações públicas*. p. 6.
3. LEITE. R. de Paula. *Relações Públicas*, p. 5.
4. D'AZEVEDO, Martha A. *Relações públicas — teoria e processo*. p. 19.

Porém, não convém que fiquemos presos a datas exatas uma vez que até entre os autores, ao registrarem o histórico das Relações Públicas, há divergências. Importa mais sabermos as circunstâncias históricas na qual atua o pioneiro das Relações Públicas: "a hostilidade do grande público era então muito acentuada contra o *big business* [5] americano, acusado de aspirar ao monopólio, de mover uma luta sem quartel às pequenas e médias empresas, de combater sem olhar a meios; numa palavra, de ser feroz, impiedoso, sanguinário. De fato, o sangue já correra no início do século, e a primeira empresa a utilizar os serviços de Ivy Lee foi precisamente a grande companhia dirigida pelo homem mais impopular dos Estados Unidos na altura, o que mandara atirar sobre os grevistas [6], John D. Rockefeller".[7]

Atentemos para o fato de que a atividade de Ivy L. Lee e de outros precursores das Relações Públicas acontece na época da Primeira Guerra Mundial. "A guerra enriqueceu os Estados Unidos, que foram os principais fornecedores dos aliados que combatiam na Europa, suprindo esses países de produtos alimentícios, manufaturados e matérias-primas. Substituíram ainda os europeus, ocupando mercados na América Latina e Ásia. (...) Seu comércio exterior passou de 435 milhões de dólares em 1914 para 3,56 bilhões em 1917."[8]

Neste contexto,

> "as primeiras décadas do século atual marcaram o aparecimento dos poderosos monopólios, a concentração de riquezas em poucas mãos e a conseqüente hostilidade do povo norte-americano contra o mundo dos negócios. Essa quase revolta popular era inspirada também pelas obras de escritores radicais. (...) Não eram somente os trabalhadores que se organizavam em incipientes sindicatos para enfrentar os poderosos, mas a própria classe média que se manifestava, principalmente através da imprensa, contra os abusos das empresas. (...) O crescimento da onda de protestos obrigou o Governo norte-americano a tomar algumas medidas legais e propor ao Congresso leis contra os monopólios e cartéis. Os homens de empresa sentiram, então, necessidade de

---

5. Grandes negócios.
6. Greve da Colorado Fuel and Iron Co.
7. CHAUMELY, J. & HUISMAN, D. *As relações públicas.* p. 10 e 11.
8. ARRUDA, José Jobson de A. *História moderna e contemporânea.* p. 302.

vir a público, para tentar explicar suas atividades, através de advogados e jornalistas. Foi quando John D. Rockefeller Júnior contratou os serviços de Ivy L. Lee".[9]

Vejamos o que fez Ivy L. Lee, lembrando que ele "somente viu aceitas suas sugestões, em razão da greve sangrenta da 'Colorado Fuel and Iron Co.'. A primeira providência de Ivy Lee foi dispensar os agentes de segurança que acompanhavam a família Rockefeller. Em seguida abriu as portas da organização para a imprensa e admitiu o diálogo com líderes da 'comunidade' e do governo".[10] Foram erguidas fundações filantrópicas, centros de pesquisa, universidades, hospitais, museus e concedidas bolsas de estudo.[11] John D. Rockefeller era "um dos personagens mais odiados e odiosos da História dos negócios. Tinham vindo a lume todas as ações tenebrosas desse homem para construir o seu império do petróleo, uma sucessão sórdida de roubos, violência, corrupção e até assassínios".[12] O empenho de Lee em benefício de Rockefeller transformou o "homem odiado pela opinião pública consciente de seu país (...) em herói, em santo".[13] Neste caso transformou-se apenas o conceito de Rockefeller, como indica Martha A. D'Azevedo: "o sucesso na alteração da imagem pública de John D. Rockefeller Sênior, de 'um velho capitalista voraz' para a de um amável ancião, que dava tostões a crianças e milhões de dólares para obras de caridade, tornou-se uma legenda (...) não só nos Estados Unidos, mas também em todo o mundo, que começava a despertar para os problemas de relações públicas".[14]

Estas breves indicações demonstram que as Relações Públicas nascem num contexto em que os antagonismos de classe se evidenciam e que elas se posicionam a favor do capital.

A substituição do lema "o público que se dane"[15] expresso por William D. Vanderbilt, outro capitalista, por "o público tem de

---

9. ANDRADE, C. Teobaldo de S. *Panorama histórico das relações públicas*. p. 5 e 6.
10. Idem, p. 6.
11. LEITE, R. de Paula. *Relações públicas*. p. 6.
12. PENTEADO, J. R. Whitaker. *Relações públicas nas empresas modernas*. p. 6.
13. LEITE, R. de Paula. idem, p. 6.
14. Relações públicas — teoria e processo. p. 19. (Faz remissão a Sam Black.)
15. Citado por COQUEIRO, Márcio C. Leal. *Relações públicas*. p. 20.

ser informado"[16] de Ivy L. Lee, acrescido de doações para obras de caridade, concessão de bolsas de estudo e criação de fundações, etc., não significa que o público tenha sido informado sobre as reais condições de exploração do trabalho e que a exploração da mais-valia tenha deixado de existir. Ela continua a existir, como veremos no terceiro capítulo, mesmo com a utilização de técnicas mais sofisticadas de persuasão.

Entre 1919 e 1929 são publicados trabalhos específicos de Relações Públicas, entre eles o livro *Crystallizing public opinion,* em 1923, por E. L. Bernays[17], o que indica o início do processo de estruturação da atividade numa situação de crise.

A Primeira Guerra Mundial (1914-1918) projetou os Estados Unidos como potência mundial, substituindo os países europeus na hegemonia política, econômica e militar de todo o mundo. Mas, os norte-americanos insistiram em manter depois da guerra o mesmo ritmo de produção alcançado durante ela, quando abastecia países envolvidos no conflito, fornecendo desde produtos alimentícios até manufaturados e combustível, o que gerou a crise de 1929. Como os países europeus, depois da guerra, recomeçaram a produção desses bens que durante o conflito importavam dos Estados Unidos, caíram as exportações do país e o mercado interno norte-americano viu-se abarrotado de produtos que não conseguia absorver. Em suma, a produção industrial chegou a exceder consideravelmente o consumo; as indústrias começaram então a diminuir o ritmo da produção, deixando grandes massas de operários sem emprego. Estes numerosos desempregados não tinham capacidade de compra, o que fazia com que o consumo diminuísse ainda mais. A crise refletia-se também nos meios financeiros e na agricultura. O capitalismo concorrencial entrou em grande crise fazendo com que muitos empresários fossem à falência gerando o fortalecimento de monopólios. Roosevelt assumiu a presidência pelo Partido Democrata e interveio na economia do país, conseguindo restaurá-la com o "New Deal", expressão como ficou conhecida a sua nova política.[18] Com esta

---

16. Citado por PENTEADO, J. R. Whitaker. *Relações públicas nas empresas modernas.* p. 13.
17. ANDRADE, C. Teobaldo de S. *Panorama histórico das relações públicas.* p. 7,
18. ARRUDA, José Jobson de A. *História moderna e contemporânea.* p. 299, 312, 314 e 319.

política o Estado e os interesses privados estreitam os vínculos, de sorte que a acumulação adquire uma nova fisionomia.

Com o "New Deal" (nova política) "tratou-se de manter o nível dos preços dos produtos. Para tanto foi preciso impedir, na medida do possível, o aumento descontrolado da produção em certos setores onde tinha havido grandes excedentes — a agricultura, o petróleo, o carvão — cujos preços foram fixados pelo governo. Ao mesmo tempo o governo iniciou uma política de empréstimos aos fazendeiros endividados, cujas terras tinham sido hipotecadas e se achavam abandonadas. (...) Foi criado um órgão governamental cuja função era a de controlar o sistema de crédito no país. Esse órgão controlava os empréstimos federais e instituições públicas ou particulares, expandindo ou diminuindo o crédito no país, segundo as necessidades. Os salários dos operários foram aumentados, elevando seu poder aquisitivo. (...) Foram fixados salários mínimos e determinados os horários máximos de trabalho diário. Aboliu-se totalmente o trabalho das crianças; legalizaram-se, pela primeira vez na história dos Estados Unidos, as organizações sindicais, que ficaram incumbidas de negociar os contratos coletivos de trabalho. Ampliou-se o sistema de previdência social, passando a ser responsabilidade do governo o bem-estar dos trabalhadores em caso de invalidez, de velhice e mesmo de desemprego. O problema do desemprego foi atenuado pela intensificação das obras públicas, assim como pela criação de grandes instituições governamentais, que absorveram grande parte da mão-de-obra ociosa. Muitas novas residências foram construídas com ajuda governamental. O governo deu garantias aos investidores, criou um fundo para garantir os depósitos populares nos bancos, que ficariam a salvo de possíveis falências. Foi fundado um banco especialmente para financiar as exportações com a faculdade de conceder créditos a países estrangeiros. A indústria de energia elétrica passou a ser mais controlada pelo Estado. (...) Foram ampliadas as fontes de energia hidrelétrica".[19]

C. Teobaldo de S. Andrade afirma que a "depressão econômica de 1929 e o plano 'New Deal' exigiram a presença efetiva de técnicas de RP visando a esclarecer a real situação que o país vinha atravessando no campo econômico financeiro. Bernays chega a escrever que nessa época estourou uma autêntica revolução em Relações

---
19. Idem, p. 321 e 322.

Públicas, através da idéia central de que o interesse público e o interesse privado deveriam coincidir exatamente".[20]

Em suma, "as relações públicas exerceram um papel eficiente, prático e objetivo antes e durante o desenvolvimento da última guerra mundial. O governo americano, por exemplo, promoveu uma série de filmes, intitulada *Por que lutamos,* dirigida por Frank Capra".[21] Através desses filmes "o público era informado muito objetivamente, muito honestamente [sic] das razões que haviam forçado o governo americano a lançar-se na guerra. E, ao mesmo tempo, procurava-se levá-lo a aprovar, a suscitar e a manter um estado de espírito favorável aos governantes, a induzir a imensa massa do povo americano a simpatizar com ele. As relações públicas conseguiram assim levar a opinião pública americana a compreender a necessidade da guerra".[22]

2. RELAÇÕES PÚBLICAS NO BRASIL

No Brasil foi criado o primeiro departamento de Relações Públicas em 30 de janeiro de 1914 pela Light & Power Co. Ltd.[23], hoje denominada Eletropaulo Eletricidade de São Paulo S/A. Em sua criação, este departamento ficou encarregado dos "negócios da Companhia com as autoridades estaduais e municipais, passes escolares".[24]

Mas, pelos dados da literatura sobre Relações Públicas, no Brasil é nos anos de 1950 que as Relações Públicas adquirem maior forma. A Companhia Siderúrgica Nacional cria departamento de Relações Públicas em 1951, "primeiro departamento verdadeiramente nacional desse tipo".[25] Em 1953 é realizado o primeiro curso de Relações Públicas no Brasil sob o patrocínio da "ONU e a Escola Brasileira de Administração Pública da Fundação Getúlio Vargas".[26]

---

20. *Panorama histórico das relações públicas.* p. 8.
21. LEITE, R. de Paula. *Relações Públicas.* p. 7.
22. CHAUMELY, J. & HUISMAN, D. *As relações públicas,* p. 14.
23. CHAVES, Sylla M. "Relações públicas no Brasil". In: JAMESON, Samuel H. (org.). *Relações públicas.* p. 30.
24. Idem.
25. Idem.
26. Idem, p. 29.

A ABRP — Associação Brasileira de Relações Públicas — foi fundada em julho de 1954.[27]

Estes marcos remontam aos anos da fase de avanço na indústria de base no Brasil. Assim, o impulso das Relações Públicas corresponde à arrancada na industrialização, o que é coerente se atentarmos que a origem dos estudos das "relações humanas no trabalho está ligada ao surgimento da grande indústria, com os seus decorrentes problemas de administração do pessoal".[28] E. Simas Pereira chega a afirmar que as "indústrias de base inauguram as relações públicas no Brasil".[29] Por se situarem como "sustentáculos do desenvolvimento industrial, as indústrias de base enfrentam sérios problemas que recomendam o emprego da moderna técnica de 'relações públicas'. As proporções de suas instalações, o vulto de seus capitais e rendimento financeiro, assim como o fato de ocuparem uma posição-chave em qualquer quadro econômico, fazem com que sobre as indústrias de base convirjam as atenções dos diversos públicos e dos círculos de maior influência administrativa. (...) No Brasil as indústrias de base (...) [são] na maioria dos casos o resultado de conjugação do emprego de capitais públicos e privados, as chamadas empresas de economia mista. Isto ocasionou uma duplicação dos problemas pelo aumento do número de 'públicos' a atender pelas empresas, já que a existência de dinheiro do governo induz todas as camadas populares a atentarem para a vida das empresas".[30]

A indústria de base toma impulso com Getúlio Vargas nos anos 1940, mais precisamente com a instalação da Companhia Siderúrgica Nacional em Volta Redonda, Estado do Rio de Janeiro.

Antes de 1930 era intenso o clima de tensões. "Houve greves, lutas, sangue, desespero, prisões, mortes." [31] Em suma, o movimento operário antes de 1930 caracterizava-se por grande combatividade e atitudes revolucionárias que pressionavam a classe dominante.

---

27. Idem, p. 30 e 31.
28. LOPES, Juarez R. Brandão & SOUZA, May Nunes de, col. "Informação e organização: estudo de uma empresa industrial". In: LOPES, Juarez R. Brandão. *Sociedade industrial no Brasil*. p. 96. (Remissão a Bendix.)
29. "Relações públicas: incompreendida, suspeitada, mas afinal aceita e triunfante". In: JAMESON, Samuel H. (org.) *Relações públicas*. p. 184.
30. Idem.
31. MORAES FILHO, E. de. *O problema do sindicato único no Brasil*. p. 214.

Com Getúlio Vargas, extensa legislação social é sistematizada e aplicada. Certas reivindicações dos trabalhadores foram atendidas, outras antecipadas, e o poder estatal vai se inserindo nas relações de classes como poder moderador, de modo a favorecer a constituição e a consolidação do capitalismo industrial. O Estado reconhece que é importante existirem relações não conflitantes entre as classes sociais, para a expansão do capitalismo no país. O capital e o trabalho devem harmonizar-se na fase de acumulação do capital e início da industrialização.[32] O que está explícito na fala de Getúlio Vargas: "Os frutos dessa legislação foram, exatamente, aqueles que permaneciam latentes no espírito e no coração do trabalhador brasileiro; extinguiram-se as desconfianças recíprocas; terminou a luta de classes. O patrão já não vê no operário o elemento hostil, sempre pronto ao negativismo e à sabotagem pela falta de confiança que lhes inspiravam os chefes. Por sua vez, o operário já não considera o patrão como um superior violento e disposto a usurpar-lhe e negar-lhe até os direitos mais elementares. Estabelecera-se um clima de cordialidade e de confiança entre o elemento patronal e o operariado. E esse clima de confiança e cordialidade permitia fossem atendidos os desejos máximos do Governo — que as leis da organização social fossem o fundamento do equilíbrio entre o capital e o trabalho".[33]

Getúlio Vargas criou também o DIP — Departamento de Imprensa e Propaganda — que foi utilizado para a difusão do getulismo, símbolo de uma nova era, de democracia econômica e social, de compreensão entre as classes e de amparo aos humildes. A classe trabalhadora, absorvida provisoriamente por técnicas de controle, de caráter político ou ideológico, e por instituições elaboradas e estruturadas pelos governantes, passa a ter um comportamento político que, orientado e canalizado no sentido de favorecer a consolidação do sistema, perde o caráter combativo dos anos anteriores.[34] O objetivo do governo é conseguido conforme almejava Getúlio Vargas: "Desenvolver-se-á, no setor político, obra de liquidação das velhas situações, capaz de nivelar a consciência e o pensamento das massas".[35]

---

32. PERUZZO, Dilvo. *Brasil: da crise de 1929 ao Estado Novo.* p. 71 (mimeog.).
33. Citado por PERUZZO, Dilvo. *Brasil: da crise de 1929 ao Estado Novo.* p. 71 (mimeog.).
34. PERUZZO, Dilvo. Idem, p. 71.
35. Citado por PERUZZO, Dilvo. Idem, p. 71.

Desse modo, Getúlio Vargas preparou as condições para a possibilidade do avanço industrial tratando a questão social com ampla legislação. Instituiu o salário mínimo, jornada de trabalho de 8 horas diárias, sistema de férias e todas as conquistas sociais reunidas na CLT — Consolidação das Leis do Trabalho. Instituiu o sindicato, só que um sindicato controlado pelo Estado. Com isso aboliu o confronto direto entre capital e trabalho e o Estado assume a intermediação, aparenta-se acima das classes. Getúlio Vargas foi, assim, um grande Relações Públicas. Veremos no próximo capítulo que o objetivo central das Relações Públicas é a harmonia social, pregando a satisfação de interesses bilaterais. Getúlio Vargas procurou harmonizar as relações capital-trabalho cuidando dos interesses dos trabalhadores e dos interesses do capital em geral.

É no contexto do avanço da industrialização que as Relações Públicas florescem no Brasil. Num contexto em que é almejada a harmonia social.

3. RELAÇÕES PÚBLICAS E OS MEIOS DE COMUNICAÇÃO DE MASSA

Um outro aspecto é que as Relações Públicas se desenvolvem juntamente com os meios de comunicação de massa. Steinberg afirma que "os meios de massa e as relações públicas são facetas e resultados da economia competitiva e mercantil do século XX. (. . .) Ambos se relacionam com o processo de informação, de formação da opinião pública e do consenso numa sociedade dinâmica e democrática".[36]

Na utilização das Relações Públicas por instituições visando a harmonia social, elas servem-se também dos meios de comunicação de massa para divulgar informações (e assim participam do conteúdo da comunicação) a fim de fazer chegar sua mensagem junto aos públicos e à opinião pública. "E o desenvolvimento de meios capazes de alcançar, simultaneamente, públicos de uma amplitude e uma dimensão jamais sonhadas no passado, permitiu que se desenvolvessem técnicas mais novas, mais aprimoradas, mais poderosas de informar e influenciar a opinião pública. Neste ambiente, (. . .) [as] rela-

---

36. "Relações públicas e comunicação de massa". In: STEINBERG, C. S. (org.). *Meios de comunicação de massa.* p. 504.

ções públicas passaram a ser fator importantíssimo na informação pública e na persuasão de massa."[37]

Harwood Childs adverte que o interesse público "está constantemente redefinido pela opinião das massas — pela opinião pública. [E que] nós [os Relações Públicas] não somente temos o dever de conformar-nos com a opinião pública, mas também a responsabilidade e a oportunidade de modelá-la e guiá-la".[38]

Por tudo isso, estudiosos de Relações Públicas estão atentos ao processo de mudança social: "Hoje, mais do que nunca, torna-se necessário dar ampla explicação às clientelas, a fim de obter a sua boa vontade ou pelo menos atenuar a sua hostilidade. (...) As clientelas se politizam e se tornam mais exigentes, mais bem informadas".[39] Ou, "a atual geração é mais esclarecida e culta do que as anteriores".[40] Então, as Relações Públicas são necessárias para informar influenciando a opinião pública.[41] E a força cada vez maior da opinião pública "gerou também a necessidade de relações públicas e de desenvolvimento das comunicações de massa. Os meios noticiosos e de informações poderiam funcionar sem o intermédio de relações públicas, mas não funcionariam tão bem nem tão suavemente".[42]

E assim, na luta com armas sutis para preservar as condições de reprodução do modo de produção capitalista, "a persuasão tornou-se ingrediente importante do processo de comunicação, sobretudo na prática das relações públicas. (...) A filosofia de 'o público que

---

37. STEINBERG, C. S. "Relações públicas e comunicação de massa". In: STEINBERG, C. S. *Meios de comunicação de massa*. p. 505.
38. Citado por CHAVES, Sylla M. "Objetivos das relações públicas". In: JAMESON, Samuel H. (org.). *Relações públicas*, p. 89. Bertrand R. Canfield no livro *Relações públicas*, v. 1, à página 26, declara: "O objetivo básico das RP é moldar e influenciar a opinião pública". Para tal afirmação, Nelson Marcondes do Amaral, que fez a introdução e introduziu as notas de rodapé na obra, adverte, em nota de rodapé: "afirmação tão peremptória comporta implicações éticas. Esta moldagem da opinião pública, em RP, como em propaganda, tem limites morais irrecusáveis".
39. SILVA, Benedicto. "A degeneração das relações públicas". In: JAMESON, Samuel H. (org.). *Relações públicas*. p. 49.
40. ANDRADE, C. Teobaldo de S. *Psico-sociologia das relações públicas*. p. 105.
41. Como vimos, já no seu surgimento nos Estados Unidos, a ênfase nas manifestações das Relações Públicas se dava junto à imprensa como meio de atingir a opinião pública.
42. STEINBERG, C. S. "Relações públicas e comunicação de massa". In: STEINBERG, C. S. (org.). *Meios de comunicação de massa*. p. 507.

se dane' tornou-se mais do que insustentável. Divergia do novo credo de relações públicas, segundo o qual a boa vontade do público e o bom nome da instituição eram tão importantes quanto o desenvolvimento ou os lucros — na realidade, eram imprescindíveis ao desenvolvimento, aos lucros e até à sobrevivência"[43] do modo de produção capitalista.

4. RELAÇÕES PÚBLICAS E "RELAÇÕES HUMANAS"

Por outro lado, as Relações Públicas têm muito a ver com as "relações humanas". Um estudo neste sentido provavelmente iria mostrar que as Relações Públicas se tornam uma especialização das "relações humanas", não se limitando a atuar dentro das empresas. Uma indicação é que nos Estados Unidos a "origem da teoria e da prática das 'relações humanas' e sua tomada de forma remontam aos decênios de 1920 e 1930, isto é, à época da primeira fase da crise geral do capitalismo",[44] coincidindo portanto com o florescimento das Relações Públicas. Outra indicação é que a doutrina das "relações humanas" nasce "como um meio de reforçar a exploração dos trabalhadores, graças a uma utilização mais completa da capacidade produtiva do homem e, principalmente, das suas reservas psicológicas"[45] no que as Relações Públicas não se distanciam. E uma terceira indicação do comprometimento entre ambas é que a Escola de Relações Humanas procura "alcançar a maior produtividade da empresa por intermédio de entrevistas de diagnóstico do candidato a trabalhador com inevitáveis testes de personalidade, criando uma rede de serviços sociais na empresa, o sempre presente jornalzinho interno, a assistência personalizada de casos, mantendo cursos e cursilhos que impõem sub-repticiamente maneiras de pensar, sentir e agir através das quais é transmitida a ideologia dos donos da vida".[46] Vemos nesta afirmação de Maurício Tragtenberg algumas das preocupações postas às "relações humanas" que os manuais de Relações Públicas apontam como sendo de Relações Públicas. Neste sentido, da análise de Bogomolova, no livro *Teoria das "relações humanas" — instrumento ideológico dos monopólios,* sobre a doutrina e a prática das "relações humanas" nos Estados Unidos, pode-

---
43. Idem, p. 506.
44. BOGOMOLOVA, N. *Teoria das "relações humanas" — instrumento ideológico dos monopólios.* p. 11.
45. Idem, p. 159.
46. TRAGTENBERG, Maurício. *Burocracia e ideologia,* p. 198.

mos perceber que em grande parte manifestações tidas como de "relações humanas" são hoje atribuídas ou reservadas às Relações Públicas. Aliás, a autora adverte que todos os "métodos aplicados atualmente nas empresas não são abertamente associados à expressão 'relações humanas' ".[47]

Nas empresas, "relações humanas" e Relações Públicas se complementam. É comum a existência de setores de relações industriais, desenvolvimento de pessoal, treinamento, serviço social, imprensa, comunicação social, relações públicas, etc., e, é claro, não sobrepondo uns aos outros nem existindo todos estes setores numa mesma empresa.[48] É sobretudo uma questão de nomenclatura e de distribuição de tarefas, mas que no fundo têm afinidades e são complementares. De fato, "a complexidade e a dimensão da empresa moderna exigiu que a competição e a agressividade, preconizadas pelo antigo capitão de indústria, cedessem lugar à valorização das relações harmônicas no trabalho e à integração do empregado à empresa. É nessa situação histórica que se situam os estudos clássicos de relações humanas empreendidos por Elton Mayo e seus colaboradores".[49] É nessa situação histórica, também, que as Relações Públicas começam a se estruturar.

Acreditamos que uma análise histórica das Relações Públicas apanharia em profundidade os nexos entre Relações Públicas e "relações humanas" na sociedade de classes, o que é necessário que se faça, mas que extrapola os objetivos deste trabalho.

Tendo em vista as circunstâncias históricas apontadas pelos estudiosos, evidencia-se que as Relações Públicas vão adquirindo concretitude quando as contradições do capitalismo se agudizam.

Então as Relações Públicas vão se estruturando e vão se tornando presentes nas empresas e nos governos. Elas participam nos conflitos mundiais, manuais vão sendo publicados e vão sendo ensi-

---

47. BOGOMOLOVA, N. Idem, p. 154.
48. É óbvio que assuntos como salários, avaliação de desempenho, jornada de trabalho, treinamento, sistema de benefícios, admissão, seleção e demissão de pessoal e outros não são administrados por Relações Públicas. Porém, Relações Públicas têm a ver com estes assuntos na medida em que podem assessorar nas decisões que envolvem a política de pessoal e são elas que vão trabalhar a divulgação dessa política.
49. LOPES, Juarez R. Brandão & SOUZA, May Nunes de, col. "Informação e organização: estudo de uma empresa industrial". In: LOPES, Juarez R. Brandão. *Sociedade industrial no Brasil.* p. 97.

nadas nas escolas como disciplina. E, já depois da Segunda Guerra Mundial, cria-se "a primeira escola de RP nos Estados Unidos da América e no mundo, (...) a Escola de Relações Públicas e Comunicações da Universidade de Boston (1947)".[50] Hoje, no Brasil, existem 46 (quarenta e seis) escolas que mantêm curso de Relações Públicas em nível de graduação.[51]

Neste capítulo vimos o desenrolar histórico das Relações Públicas; a seguir vamos tentar compreendê-las em seus aspectos teóricos fundamentais.

---

50. ANDRADE, C. Teobaldo de S. *Panorama histórico das relações públicas.* p. 8.
51. AGUIAR, Edson Schettine de. Institucionalização da atividade de relações públicas, problemas e perspectivas. *Revista Relações Públicas.* n.º 13/14, p. 15.

CAPÍTULO II — RELAÇÕES PÚBLICAS EM SEUS PRESSUPOSTOS TEÓRICOS

No capítulo anterior ficou claro que as Relações Públicas surgem em circunstâncias em que os conflitos de classes se tornam mais fortes nas democracias burguesas e que elas se explicitam como função persuasiva tentando fazer convergir os interesses de toda a sociedade aos interesses do capital.

A prática das Relações Públicas é explícita quanto a esta função, mas em nível teórico, à primeira vista, ela não é claramente expressa.

Passemos a reproduzir alguns aspectos teóricos das Relações Públicas tais como são concebidos por estudiosos desta atividade, introduzindo breves comentários e questionamentos os quais serão tratados nos dois capítulos seguintes. Finalmente traçaremos algumas considerações da relação teoria e prática das Relações Públicas.

1. DEFINIÇÃO E OBJETIVOS

A ABRP — Associação Brasileira de Relações Públicas — define oficialmente Relações Públicas como a "atividade e o esforço deliberado, planejado e contínuo para estabelecer e manter a compreensão mútua entre uma instituição pública ou privada e os grupos de pessoas a que esteja direta ou indiretamente ligada".[1]

Esta definição é comumente aceita pelos profissionais da área e reproduzida nos cursos universitários. Dela podemos captar pressupostos e objetivos da atividade. Ou seja, a atividade de Relações

---

1. A PROFISSÃO DE RELAÇÕES PÚBLICAS NO BRASIL. p. 1.

Públicas requer que seus programas sejam cuidadosamente planejados e que Relações Públicas não devem ser feitas ocasionalmente, mas como um processo que exige continuidade, objetivando estabelecer e manter a compreensão mútua entre a instituição e os grupos de pessoas a ela ligados.

Estes são pontos-chave da teoria das Relações Públicas, porque são uma atividade que tem por base atuar sobre a mente das pessoas na busca de harmonizar interesses entre instituições e seus públicos. Assim, as Relações Públicas se realizam em empresas privadas e públicas, nos demais organismos da sociedade civil (escola, igreja, meio de comunicação de massa, associações, etc.) e no Estado.

Podemos depreender dessa definição que as Relações Públicas têm como objetivo central a *harmonia social*, que aliás está mais claramente colocado no "Acordo do México"[2]: "O exercício da profissão de relações públicas requer ação planejada, com apoio na pesquisa, comunicação sistemática e participação programada, para elevar o nível de entendimento, solidariedade e colaboração entre uma entidade, pública ou privada, e os grupos sociais a ela ligados, num processo de interação de interesses legítimos, para promover seu desenvolvimento recíproco e da comunidade a que pertencem".[3]

Mas, o que significa harmonia social no modo de produção capitalista? Sylla M. Chaves indica o significado da harmonia social ao afirmar que o fundamento dos objetivos de Relações Públicas "é o de que o interesse público e o interesse privado podem e devem coincidir. (...) Os objetivos de RP na época atual de maturidade da profissão são, por conseguinte, a compreensão mútua, o interesse mútuo, a coincidência entre o interesse público e o interesse privado. Se quiséssemos dar aqui uma ordem de prioridade a esses objetivos, nossas considerações filosóficas seriam bastante complexas, porém desnecessárias, pois quer o interesse público seja para nós um fim em si, quer seja ele o caminho para alcançar o nosso próprio interesse, o que importa é termos sempre o interesse público em nossas cogitações".[4]

---

2. Aprovado em 12-08-1978 por 33 (trinta e três) Associações de Relações Públicas durante a I Assembléia Mundial de Associações de Relações Públicas, realizada no México. Ver Revista *Relações Públicas*. n.º 13/14, p. 8.
3. *REVISTA RELAÇÕES PÚBLICAS*, n.º 13/14, p. 8.
4. Citado por OLIVEIRA, J. Xavier de. *Usos e abusos de relações públicas*. p. 43.

Então, objetiva-se a harmonia social com a identificação entre interesse privado e interesse público e leva-se em conta o interesse público para concretizar o interesse privado. Considerar interesse público como "um fim em si" é reificação, ou seja, está se fetichizando a existência do interesse público em si. O interesse público não é em si, porque o social é histórico, resultando da dinâmica das relações sociais.

Para melhor explicitar o objetivo central das Relações Públicas, vejamos alguns de seus objetivos elencados por J. R. Whitaker Penteado com base em pesquisa realizada nos Estados Unidos junto a 25 (vinte e cinco) grandes empresas: "Desenvolver e manter um clima de boa-vontade (*good-will*) do público para com a empresa; ajudar a orientar a Administração Superior da empresa a agir de acordo com o interesse público; aumentar a compreensão e a aceitação públicas pela política da empresa; (...) dar realce à participação da empresa na Economia do país; ajudar a preservar, no espírito público, o sistema de Livre-Iniciativa; promover a Educação Econômica do povo a fim de tornar mais claro o papel da empresa".[5]

Estes são alguns dos objetivos das Relações Públicas. Outros objetivos, globais e específicos, justificam os respectivos programas de acordo com as necessidades e interesses daqueles a quem estão a serviço e a quem são dirigidos.

Evidencia-se que as Relações Públicas têm por finalidade fazer com que o interesse privado adquira uma roupagem de interesse público. Daí que conceitos desenvolvidos em parte da bibliografia corrente, em congressos e na deontologia profissional tratam as Relações Públicas como uma atividade em si, de proposta altruísta. No fundo, o conceito que se formula é que elas visam ao bem comum, que procuram identificar e respeitar o interesse público, que não manipulam opiniões, que propõem "soluções profundamente humanistas"[6] e que a "comunicação empresarial (...) deve trabalhar no processo de humanização da empresa".[7]

Desse modo, tem-se como pressuposto que a sociedade pode não estar harmônica mas pode ser harmonizável. Ou, como dizem alguns

---

5. *Relações públicas nas empresas modernas*. p. 93.
6. SOLAR, Francisco J. del. *Importancia de las relaciones públicas en el proceso de cambio*. p. 3. (Tradução nossa.)
7. TORQUATO, Gaudêncio. O mito da felicidade na comunicação empresarial. In: *Revista Comunicação e Sociedade*. n.º 1, p. 67.

autores: para C. Teobaldo de S. Andrade "as **Relações Públicas**, dentro de princípios éticos e procurando harmonizar interesses, podem agrupar ponderáveis esforços no nobre propósito de estabelecer um clima que facilite a compreensão e o desenvolvimento sociais, contribuindo assim para superar todos os fatores negativos que geram a incomunicação que caracteriza a atual sociedade de massas".[8]

E, por sua vez, Francisco J. del Solar considera que as relações públicas constituem um princípio fundamental da própria existência do ser humano e que elas "buscam com afinco o 'entendimento' e a ampla 'compreensão' entre os homens e as sociedades, através da 'comunicação'. Quando estas se rompem (o entendimento e a compreensão), rompe-se toda comunicação criando um clima propício para as guerras, greves e qualquer tipo de atitudes negativas, trazendo consigo uma má opinião, semeando o ódio e o rancor entre os homens. (...) Considero que as guerras, as greves e qualquer atitude negativa — que para outros podem ser positivas — são o resultado do rompimento das boas relações. Para que estas existam, é necessário manter atitudes positivas para com todos os homens, já que toda atitude nos dá uma opinião e ambas produzem uma imagem. E para que isso ocorra, é imprescindível comunicar as atitudes e as opiniões, e é aqui onde radica a práxis relacionista. De tal maneira que as Relações Públicas demandam a participação ativa dos homens de boa vontade que tenham como 'mística' de trabalho: 'O filho do homem não veio para ser servido mas sim para servir' ".[9] Mas, caberia recordar ao autor que o filho do homem disse também que é impossível servir ao mesmo tempo a dois senhores. O autor pauta as Relações Públicas na mistificação da sociedade, ao não levar em conta os antagonismos dessa mesma sociedade.

Nas palavras de Hernani Donato, "a função das Relações Públicas é manter este mundo fracionado, porém não separado, manter essas aparentes divisões dentro ainda de um contexto social, apesar dos seus anseios. Este agrupamento é todo angustiado por pesquisas, por experimentos vividos por culturas grupais e as Relações Públicas têm que fazer disto um mundo só, uma cultura só, motivada pela mensagem que elas transmitem".[10] Também este autor não

---

8. *Psico-sociologia das relações públicas*. p. 99.
9. *Importancia de las relaciones públicas en el proceso de cambio*. p. 7 e 8. (Tradução nossa.)
10. "Relações públicas e cultura de massas". In: *Mini-canais do II seminário de relações públicas*. p. 61.

considera os antagonismos sociais e concebe que as Relações Públicas, por sua mensagem, possam harmonizar o mundo. Ou seja, que o poder da mensagem das Relações Públicas tem mais força na constituição do social do que os antagonismos de classes. Além do poder de harmonizar a sociedade, as Relações Públicas teriam o poder de impulsionar seu desenvolvimento tecnológico, pois para Márcio C. Leal Coqueiro a principal função das Relações Públicas "tem sido criar um bom entendimento entre patrões e empregados e uma relação cooperativa entre a política institucional e as atitudes de seus públicos, transformando, desenvolvendo e aprimorando ambas, a fim de atingir um 'desideratum' harmônico e que resulta no bem comum. Relações Públicas baseiam-se nos princípios mais sãos e leais da compreensão humana, *em prol do bem-estar geral;* [grifo nosso] seu propósito é cooperar para beneficiar a sociedade e ajudá-la a vencer as barreiras econômicas e sociais, impulsionando ainda mais o desenvolvimento tecnológico da humanidade".[11]

Então, diante do objetivo das Relações Públicas de estabelecer a harmonia social, vamos verificar quais são seus princípios fundamentais.

2. PRINCÍPIOS

Os princípios das Relações Públicas estão um tanto difusos na bibliografia. No entanto, são considerados como alguns dos seus princípios o que Márcio C. Leal Coqueiro chama de características, as quais são as seguintes:

"Lealdade — A verdade é uma força e constitui o autêntico fundamento que caracteriza, quer seja um indivíduo, quer seja uma organização. 'Não mentir e não enganar é a primeira característica de relações públicas'. (. . .)

"Bilateralidade — Transmitir e receber informações. (. . .) O trabalho de Relações Públicas é sempre nos dois sentidos. Os interesses a serem atendidos são sempre bilaterais. (. . .)

"Onipresença — Todos os elementos, todos os setores da empresa ou instituições, concorrem com sua dose de responsabilidade

---
11. "Relações públicas governamentais". In: ANDRADE, C. Teobaldo de S. (org.). *Mini-anais da II semana paulista de estudos de relações públicas.* p. 49.

para a formação do bom conceito de que ela deve gozar — todos têm responsabilidade funcional. O Técnico de Relações Públicas deve, portanto, agir junto a todos os setores das empresas, no sentido de incutir essa idéia de responsabilidade, desde a própria direção até entre os empregados mais modestos. Nesse sentido deve propor idéias, que a direção poderá adotar como se fossem suas, visando sempre a fazer com que os empregados se sintam como parte integrante da organização a fim de que ela aja como um todo.

"*Ação Preventiva* — Relações Públicas não é uma tentativa de justificar erros. É um trabalho de prognóstico e nunca um processo de medicina curativa. Toda a sua ação é de caráter preventivo, sempre visando ao futuro, para o que se tornam necessárias a aferição e a ajustagem prévias dos interesses da empresa aos interesses dos seus públicos. Relações Públicas não devem ser aplicadas em casos de crise apenas, mas sua ação deve ser contínua, permanente.

"*Ação Educativa* — Informações úteis ao público devem ser constantemente transmitidas. Os públicos devem ser mantidos constantemente informados. A educação dos públicos faz-se através das informações e essas são transmitidas e recebidas utilizando os meios de comunicação. A educação sistemática dos públicos por meio de informações bem trabalhadas acaba por colocá-los do lado da instituição, que é o objetivo de Relações Públicas".[12]

Apanhemos a posição de autores no tocante aos princípios das Relações Públicas.

Quanto à "lealdade" — dizer a verdade — C. Teobaldo de S. Andrade, referindo-se às Relações Públicas governamentais, afirma: "o importante num programa de Relações Públicas Governamentais está na sinceridade das informações, pois o governo deve dizer tudo o que fez, inclusive seus erros e as medidas que foram tomadas para corrigi-los".[13] J. Chaumely e D. Huisman escrevem que os especialistas em Relações Públicas "devem comprometer-se a não 'falsear' a verdade. (...) A experiência da verdade oferece-se às relações públicas como a do fogo: ou se faz ou se foge dela. Mostra a alma".[14] O código de ética profissional de Relações Públicas no

---

12. *Relações públicas*. p. 32 a 34.
13. Fundamentos das relações públicas governamentais: *Revista Comunicação e Sociedade*. n.º 2, p. 23.
14. *As relações públicas*. p. 38.

Brasil atesta que "não se permite ao profissional de Relações Públicas (...) subordinar a verdade a interesses ilegítimos".[15] Luiz Carlos Marcini diz por que é preciso dizer a verdade: "nenhum trabalho a longo prazo, de relações públicas, pode repousar na fraude, na distorção dos fatos, na mistificação, porque não há publicidade ou influências pessoais ou de grupos que consigam, continuamente, vedar a face da verdade de modo integral. De uma tentativa de corrupção da opinião pública só pode resultar o escândalo e o descrédito do agente".[16] Já J. Xavier de Oliveira questiona: "que verdade, afinal de contas, não deve ser falseada? A verdade de quem escreve? A verdade de quem lê? A verdade de quem fala? A verdade de quem ouve? (...) Ou a verdade do empresário?".[17]

Quanto à "bilateralidade", Martha A. D'Azevedo explica: "costuma-se dizer que Relações Públicas é uma ponte, mas uma ponte de duplo sentido, onde transmissor e receptor se revezem no ato de comunicar".[18] E também fala-se em "rua de duas mãos"[19] ou "em guiar e, ao mesmo tempo, ser guiado pela opinião pública".[20] Luiz Carlos Marcini também esclarece a "mão dupla": "no sentido da instituição para o público externo[21] há um fluxo de informações, de atos, de funções, tendo em mira interpretar problemas, influir na opinião pública, criar condições favoráveis a determinadas medidas, etc. e no sentido desse público para a instituição, um refluxo de impressões e reações, de elementos decorrentes de condições permanentes ou eventuais de cultura, de circunstâncias políticas, de intercorrências de fatores locais ou internacionais de ordem econômica ou ideológica, etc., que digam respeito, direta ou indiretamente, próxima ou remotamente, à estrutura e funcionamento da empresa em

---

15. "Código de ética do profissional de relações públicas". In: *Guia brasileiro de relações públicas*. p. 61.
16. "Relações públicas — uma atividade de duas faces". In: JAMESON, Samuel H. (org.). *Relações públicas*. p. 69.
17. *Usos e abusos de relações públicas*. p. 76.
18. *Relações públicas — teoria e processo*. p. 10.
19. CHAVES, Sylla M. "Objetivos das relações públicas". In: JAMESON, Samuel H. (org.). *Relações Públicas*. p. 89. (Atribui-se a originalidade dessa expressão a Edward L. Bernays.)
20. CHILDS, Harwood L. "Natureza das relações públicas". In: JAMESON, Samuel H. (org.). *Relações públicas*. p. 64.
21. São considerados público externo os públicos que mantêm ligações indiretas com uma empresa. Por exemplo, imprensa.

tela. A plenitude das atividades de relações públicas decorrerá da harmonia desta interação, do bom funcionamento dessa mão dupla".[22]

Quanto aos princípios "onipresença", "ação preventiva" e "ação educativa", são também amplamente defendidos por vários autores. Fala-se que "relações públicas não constituem atividade que se limite a um setor particular da empresa, mas se estende a toda a organização",[23] que Relações Públicas são "uma função de todos os níveis de administração, desde a chefia da empresa até a supervisão de uma ou mais pessoas que se dedicam a trabalhos específicos em fábrica, escritório ou em local aberto. 'RP não é uma atividade especializada, como produção, planejamento, financiamento ou vendas. Pelo contrário, é algo que permeia todas essas atividades, como tema comum', diz Paul W. Garret, diretor de RP da General Motors".[24] A "totalidade dos empregados da instituição (...) deve ingressar na equipe de 'embaixadores das relações públicas' da instituição".[25] E, assim, é importante seu caráter preventivo: "constitui-se um erro conceber as relações públicas em caráter de emergência. (...) O caráter curativo é aquele que entra em ação quando nada ou muito pouco foi feito para prevenir alguma crise".[26]

Por tudo isso autores consideram importante a "ação educativa" das Relações Públicas, ou seja, esta permeia todo esforço de Relações Públicas. Analisaremos qual o ato político-ideológico dessa "ação educativa" posteriormente.

Surge um dado novo. Alguns autores falam em "filosofia" das Relações Públicas; vejamos: "a alta administração precisa estar convenientemente embebida da 'filosofia' de relações públicas".[27] "Relações Públicas, em primeiro lugar, são uma filosofia da administração, uma atitude de espírito que situa os interesses das pessoas acima de todos os assuntos ligados à direção de indústrias ou organizações de serviço social, de bancos, serviços públicos, quaisquer associações profissionais ou empresas comerciais".[28] Nesta perspectiva, as "Re-

---

22. "Relações públicas — atividade de duas faces". In: JAMESON, Samuel H. (org.). *Relações públicas.* p. 69 e 70.
23. MARCINI, L. Carlos. Idem, p. 74.
24. CANFIELD, Bertrand R. *Relações públicas.* v. 1, p. 11.
25. CHAVES, Sylla M. "Formação do profissional de relações públicas". In: JAMESON, Samuel H. (org.). *Relações públicas.* p. 218.
26. CHILDS, Harwood L. "Natureza das relações públicas". In: JAMESON, Samuel H. (org.). *Relações públicas.* p. 65.
27. CHAVES, Sylla M. Idem, p. 218.
28. CANFIELD, Bertrand R. Idem, p. 5.

lações Públicas são uma atitude fundamental da mente, uma filosofia de administração que, deliberadamente e com esclarecido egoísmo, dá preferência aos interesses do público, em qualquer decisão que envolva a atividade da empresa".[29] Bertrand R. Canfield acrescenta que o objetivo das Relações Públicas "é servir o interesse público. (...) Os empregados se interessam pela empresa em que trabalham como fonte de remuneração e por oferecer-lhes boas condições de trabalho, oportunidades de progredir, consideração e emprego estável. Esses interesses dos empregados são egoísticos, mas a sua produtividade, lealdade e dedicação para com a empresa correspondem ao modo como esses interesses egoísticos são atendidos".[30] As atividades de Relações Públicas vão procurar atender esses interesses? Trataremos esta questão no terceiro capítulo.

Ainda segundo Bertrand R. Canfield, "o público, em certas ocasiões, perde a confiança na 'moral' da empresa. Demonstra esse descontentamento por interrupções de trabalho, greves violentas, restrições legislativas e rebelião de consumidores contra o que consideram preços e lucros excessivos, operações monopolísticas e descaso para com o bem-estar dos empregados e para com o público. Uma importante função da administração é usar técnicas de relações públicas para corrigir essa concepção errônea, e ganhar, novamente, a confiança do público, demonstrando que a empresa é boa empregadora, produtora e 'cidadã' ".[31]

Então, através da persuasão procura-se recuperar um clima propício à acumulação. Não se cogita em corrigir o sistema de acumulação, mas a perda de confiança de públicos. São as Relações Públicas neutras? Em capítulo subseqüente substantivaremos a problemática da não neutralidade das Relações Públicas.

3. PÚBLICOS

A atividade de Relações Públicas se realiza junto a públicos. Para Herbert M. Baus, "o público, em sentido pleno, é toda a população do mundo. Um público é um grupo de pessoas que se dis-

---
29. GARRET, Paul W. Citado por CANFIELD, Bertrand R. *Relações públicas.* v. 1., p. 5 e 6.
30. CANFIELD, Bertrand R. Idem, p. 6 e 7.
31. Idem, p. 10.

tinguem das outras por uma ou mais características em comum, como ler o mesmo jornal, trabalhar para a mesma companhia, professar a mesma religião, freqüentar a mesma escola ou viver no mesmo bairro. Todo público está sujeito a uma análise baseada em uma pesquisa separada. Cada público tem suas atitudes próprias. (...) Os públicos têm sido comparados a alvos. Cada público pode ser corretamente considerado como um alvo das Relações Públicas. Difere, porém, do alvo em um ponto muito importante no sentido militar. O alvo militar, ao ser atingido, é destruído ou posto fora de ação. No trabalho de Relações Públicas o alvo (ou público), ao ser atingido plena e eficientemente, torna-se um aliado ativo que passa a auxiliar a tarefa das Relações Públicas".[32]

Se o alvo militar é destruído por armas bélicas, o alvo das Relações Públicas é condicionado por armas ideológicas. Em ambos os casos visa-se destruir resistências, e no caso das Relações Públicas visa-se destruir resistências e conquistar aliados.

A noção de público, comumente aceita por profissionais de Relações Públicas, está expressa na definição de Relações Públicas da ABRP, transcrita no início deste capítulo. São considerados públicos "os grupos de pessoas direta ou indiretamente ligados" às instituições.[33] Conforme C. Teobaldo de S. Andrade, público é o "agrupamento espontâneo de pessoas adultas e/ou de grupos sociais organizados, com ou sem contigüidade física, com abundância de informações, analisando uma controvérsia, com atitudes e opiniões múltiplas quanto à solução ou medidas a serem tomadas frente a ela; com ampla oportunidade de discussão e acompanhamento ou participando do debate geral, através da interação pessoal ou dos veículos de comunicação, à procura de uma atitude comum, expressa em uma decisão ou opinião coletivas, que permitirá a ação conjugada".[34]

Assim, para o autor a constituição de públicos tem a ver com a abundância de informações na discussão da controvérsia na busca de uma atitude comum. Fala-se também que cabe às Relações Públicas formar públicos através do fornecimento de informações e permitindo a discussão de controvérsias. No terceiro capítulo trataremos desta questão. Agora vejamos a classificação geral de públicos em Relações Públicas que tem por base o grau de relacionamento

---
32. Citado por OLIVEIRA, J. Xavier de. *Usos e abusos de relações públicas.* p. 50.
33. Ver nota 1 deste capítulo.
34. *Psico-sociologia das relações públicas.* p. 40.

dos públicos com a empresa e os interesses em comum. Esta classificação divide o: públicos em interno, externo e misto. Os funcionários de todos os níveis e suas famílias são considerados público interno. O público externo comporta a imprensa, consumidores, concorrentes, poderes públicos, "comunidade" onde a empresa atua — o bairro ou a cidade, etc. E o público misto abrange acionistas, revendedores, fornecedores, etc. Trata-se de uma classificação geral e pode variar conforme as características da empresa.[35]

4. FUNÇÕES OFICIAIS

As funções básicas das Relações Públicas de acordo com a CIPERP — Comisión Interamericana para la Enseñanza de las Relaciones Públicas — e aceitas pelas entidades filiadas à FIARP — Federação Interamericana de Associações de Relações Públicas — são: assessoramento, pesquisa, planejamento, execução (comunicação) e avaliação.[36]

Vamos ver, sumariamente, o que compreende cada uma dessas funções oficiais das Relações Públicas:

a) *Assessoramento*: "As funções de assessoria abrangem o atendimento, em termos de consultoria, às políticas de Relações Industriais, de Mercadologia, de Propaganda, de Relações Públicas e à política administrativa em geral. (...) Entende-se nessa área o trabalho de coordenação com os demais serviços da empresa e com os serviços de RR.PP. (...) no sentido de sugerir atitudes no tratamento com os públicos em geral. (...) O relator público deve agir como conselheiro da alta administração, a fim de tentar moldar as políticas e diretrizes da instituição de acordo com os anseios e interesses legítimos da comunidade. Ele é o responsável pela harmonia entre o interesse privado e o interesse público".[37]

b) *Pesquisa*: Compreende pesquisa de opinião pública, pesquisa institucional (dentro da empresa), pesquisa de mídia, investigação junto a arquivo e levantamento dos públicos da instituição.[38]

---

35. Ver D'AZEVEDO, Martha A. *Relações públicas — teoria e processo.* p. 67 a 69 e ANDRADE, C. Teobaldo de S. *Psico-sociologia das relações públicas.* p. 80 a 82.
36. ANDRADE, C. Teobaldo de S. *Curso de relações públicas.* p. 35.
37. Idem, p. 36.
38. Idem, p. 36.

c) *Planejamento*: "As funções de planejamento alcançam as programações gerais e específicas de Relações Públicas, com observância da política e metas estabelecidas pela Administração, envolvendo aspectos de orientação e formalização. Cuida da elaboração do orçamento e custos dos programas de Relações Públicas. Prepara planos, projetos e programas, básicos e específicos, de periodicidade anual ou plurianual. Seleciona pessoal para a execução da programação, bem como faz estudo de tempo".[39]

d) *Execução (Comunicação)*: "Abarca a produção de material informativo e de todas as etapas e ações a serem desenvolvidas nos setores de Divulgação (Publicidade), informações e contatos".[40]

d.1) *Setor de Divulgação (Publicidade)*: Preparação e envio de notas ou boletins à imprensa; preparação e acompanhamento de entrevistas coletivas aos jornalistas; elaboração de filmes e de campanhas publicitárias, internas ou externas; elaboração de manuais, periódicos de empresa, relatório anual, folhetos, etc.; organização e instalação de exposições e amostras.[41]

d.2) *Setor de Informações*: Atendimento ao público (informações, sugestões e reclamações); supervisão de correspondência e do atendimento telefônico; orientação do sistema de comunicação do pessoal, elaboração e distribuição de auxílios audiovisuais; organização de cadastro de autoridades e entidades; leitura e recorte de jornais; coleta de dados e preparação de resumos para reuniões, palestras e aulas; redação de discursos e declarações públicas.[42]

d.3) *Setor de Contatos*: Relações com a imprensa e com os líderes da comunidade; representação da instituição em cerimônias e atos públicos; organização e execução do sistema de visitas à instituição; preparação de eventos especiais (inauguração de instalações, aniversário da empresa ou cidade onde ela atua, visita de altas autoridades, etc.); colaboração com o cerimonial em atos oficiais; elaboração e acompanhamento da política de donativos, subvenções, prêmios e bolsas de estudo.[43]

e) *Avaliação*: Compreende as mesmas tarefas consignadas nas funções de pesquisa, sendo porém realizadas posteriormente a

---
39. Idem, p. 36 e 37.
40. Idem, p. 37.
41. Idem, p. 37.
42. Idem, p. 37.
43. Idem, p 37.

todas as outras funções, abrangendo também o controle do desenvolvimento das atividades da função execução.[44]

Desse modo, vimos dentro da função "execução" muitos dos instrumentos que podem ser utilizados pelas Relações Públicas nas relações entre instituições e seus públicos. Em capítulos subseqüentes analisaremos alguns desses instrumentos em sua aplicação prática, bem como as funções da pesquisa em Relações Públicas.

5. RELAÇÕES PÚBLICAS COMO ATIVIDADE PERSUASIVA

Para Edward L. Bernays são campos [45] da atividade de Relações Públicas: "a *informação* (podendo ser chamada, no seu sentido puro com pluralidade de pessoas que a recebem, divulgação ou, menos precisamente, publicidade, termo também às vezes usado para designar propaganda), a *persuasão* (existente nos aspectos educativos de RP, que são diferentes dos que caracterizam a propaganda) e a *integração*"[46] entre a instituição e seus públicos.

Admite-se pois a persuasão em Relações Públicas. Por um lado, admite-se "a persuasão apenas para iniciar o diálogo e promover a participação"[47] ou cabe "debater até que ponto poderemos utilizar a persuasão em relações públicas, colocando essas relações em conformidade com o interesse público".[48] Por outro lado, diferencia-se a persuasão em Relações Públicas e na Propaganda: "o conteúdo das relações públicas está no terreno da educação cívica, da educação agrícola, da educação sanitária. (...) Enquanto a propaganda 'forja autômatos', (...) a educação liberta, ensina a

---

44. Idem, p. 37.
45. Para Márcio C. Leal Coqueiro, as Relações Públicas "representam uma tríplice atividade consistindo em: 1. Informações dadas ao público. 2. Persuasão dirigida ao público, a fim de motivar ou alterar atitudes e ações. 3. Esforços no sentido de integrar atitudes e ações das instituições para com seu público e do público para com as instituições". Ver Relações públicas governamentais. In: ANDRADE, C. Teobaldo de S. (org.). *Mini-anais da II semana paulista de estudos de relações públicas*. p. 48.
46. Citado por CHAVES, Sylla, M. "A persuasão em relações públicas". In: JAMESON, Samuel H. (org.). *Relações públicas*. p. 161.
47. OLIVEIRA, C. Feliciano & VASCONCELOS, Antonio Telles. Um processo para determinar o interesse público. *O Público*. n.º 13, p. 1.
48. CHAVES, Sylla M. "A persuasão em relações públicas". In: JAMESON, Samuel H. (org.). *Relações públicas*. p. 161.

pensar por si. (...) A propaganda é lícita, como propaganda comercial, em setor à parte, que é o de vendas. É lícita, como propaganda política, no setor político, que deve ser financiado pelos partidos políticos, e não pelos cofres públicos".[49]

Para prosseguir neste debate tomemos a origem dos vocábulos publicidade e propaganda. Publicidade, do latim "publicare", significa tornar público, divulgar, enquanto propaganda, do latim "propagare", significa propagar, incutir na mente.

Benedicto Silva define publicidade como "a técnica ou arte de transmitir informações, sugestões e idéias a grupos numerosos".[50] Esta definição corresponde pois ao significado original da palavra e tem a ver com as atividades de Relações Públicas na "função execução", setor de divulgação, conforme vimos. Este autor crê ser impossível separar os conceitos de Relações Públicas e Publicidade [51] e faz distinções entre Publicidade (que ele chama de divulgação) e Propaganda. Ele diz que a divulgação (Publicidade) procura informar e a Propaganda persuadir.[52] "Que o divulgador, em essência, é um informante qualificado. Não sugere, nem insinua, nem concita, nem exorta, nem exagera, nem dramatiza, nem foge deliberadamente à verdade. Registra, descreve, narra, informa, simplesmente. O propagandista, em última análise, esteja a serviço de uma causa política ou de um fabricante de pílulas, de uma cruzada santa ou de uma casa de modas, é um criador de fé, um forjador de mitos, um libertador de emoções. Sua missão impõe o uso e mesmo o exagero de todos os meios artificiais lícitos e adequados com que possa influir na conduta do público em relação ao objeto da propaganda. Ela sugere, exorta, concita, apela, dramatiza e nunca hesita em 'proteger' a verdade." [53] E, assim, "o divulgador é informante neutro; o propagandista, um forjador de mitos".[54]

Não se distanciando dessa linha de interpretação da Publicidade mas sem imprimir-lhe neutralidade, para Bertrand R. Canfield a Publicidade consiste "em notícias exatas, preparadas por uma empresa comercial ou não lucrativa, no intuito de fazer progredir seus inte-

---
49. Idem, p. 162 e 163. (Faz remissão a Childs.)
50. "Ramos distintos da publicidade". In: JAMESON, Samuel H. (org.). *Relações públicas.* p. 141.
51. Idem, p. 154.
52. Idem, p. 143.
53. Idem, p. 144.
54. Idem, p. 143.

resses. A publicidade é feita gratuitamente em jornais, revistas e publicações comerciais, ou transmitida nas mesmas condições por estações de rádio e televisão. A publicidade constitui um dos instrumentos básicos de RP, um meio de comunicação destinado a informar o público sobre as políticas e os atos de uma organização a fim de obter para a mesma a boa vontade e a compreensão por parte do público".[55] No entanto, quanto à Propaganda e Relações Públicas, Bertrand R. Canfield admite que são "estreitamente ligadas", mas "não são idênticas".[56] Referindo-se à pesquisa realizada, o autor afirma: "no consenso geral, RP está na mesma esfera da propaganda, mas tem maior escopo: utiliza-se da propaganda como instrumento, mas freqüentemente a negligencia a fim de atingir outros objetivos não comerciais, não adaptáveis à abordagem comum à propaganda. As relações de propaganda com RP podem ainda ser melhor explicitadas pelo fato de que a propaganda concerne precipuamente à venda de produtos e serviços, enquanto RP está em primeiro lugar interessada na formação, execução e publicidade das políticas de uma companhia. A propaganda institucional constitui um importante instrumento de RP".[57]

A maioria dos autores da bibliografia de Relações Públicas procura fazer distinções entre Relações Públicas e Propaganda, como está em C. Teobaldo Andrade: "na Propaganda — a criadora, por excelência, das massas — há realmente a preocupação de criar e manter imagens, pois o que se pretende é o conhecimento sensorial em que o indivíduo somente se recorde do produto A ou da ideologia B, ao passo que em Relações Públicas — formadora de públicos — através do conhecimento intelectual deseja-se que as pessoas tenham capacidade de abstração, o que lhes permitirá eliminar, progressivamente, das imagens apresentadas, a particular, e daí, através de idéias, escolher e decidir quais as atitudes a serem tomadas".[58]

Já Martha A. D'Azevedo diferencia Publicidade, Relações Públicas e Propaganda. A autora dá uma conotação inversa à Publicidade e à Propaganda até aqui transcritas. A Publicidade "quer se destine à compra de um tipo de produto, ou à compra de uma marca, ou contenha um apelo emocional ou se dirija diretamente ao intelecto

---
55. *Relações públicas.* v. 2, p. 519.
56. Idem, p. 551.
57. Idem, p. 551.
58. *Psico-sociologia das relações públicas.* p. 108.

das pessoas, seu fim sempre é o de vender determinada coisa".[59] E "procura chamar a atenção, causar impacto, suscitar o interesse por uma enumeração impressionante de vantagens apresentadas pelo produto oferecido; visa fazer nascer um desejo de compra".[60] "Enquanto a publicidade apela para os instintos naturais do homem, de superação, conservação, etc., e procura satisfazer seus desejos de conforto, prazer e outros, a propaganda apela para o seu sentido moral e social, procurando despertar seus sentimentos nobres e suas virtudes naturais. (...) Ela é, em primeiro lugar, ideológica."[61] "A propaganda enuncia aquilo que diz ser verdade e exige a fé das pessoas. Busca a adesão pessoal, através dos mais modernos métodos de persuasão."[62] E as "Relações Públicas são um processo de informação, de conhecimento e de educação, com fim social".[63] Mas, a autora adiciona: "há, entretanto, um ponto em que relações públicas e publicidade em muito se assemelham, diferindo apenas pelos objetivos visados. (...) 1. Publicidade institucional. 2. Relações Públicas institucionais. Ambas têm em vista a divulgação da imagem da organização. (...) [mas enquanto] a publicidade visa ao lucro e traz consigo um apelo à compra, (...) as relações públicas institucionais, consideradas como atividades criadas em torno da filosofia da empresa e sua participação na comunidade, procuram granjear simpatia e boa vontade e não têm objetivos comerciais imediatos. Seu objetivo é, em primeiro lugar, social".[64]

No entanto, José Marques de Melo, pesquisador de uma visão crítica e fecunda na sua vasta obra na área de comunicação, é quem mais radicalmente analisa a questão. Ele explica que "apesar de constituírem atividades profissionais distintas, do ponto de vista científico elas [Relações Públicas e Publicidade] se incluem numa mesm. categoria — a Propaganda".[65] A Propaganda, o Jornalismo e o Lazer são classificados pelo autor como "Ciências da Informação Coletiva".[66] "A Propaganda, como o Jornalismo, compreende a

---

59. *Relações públicas — teoria e processo.* p. 145.
60. Idem, p. 145.
61. Idem, p. 147.
62. Idem, p. 148.
63. Idem, p. 149. (Este posicionamento está em MATRAT, Lucien & CARIN, Alec. *As relações públicas — motor da produtividade.* p. 20 e seguintes.)
64. *Relações públicas — teoria e processo.* p. 150.
65. *Comunicação social — teoria e pesquisa.* p. 51.
66. Idem, p. 54.

transmissão de informações. Entretanto, o Jornalismo limita-se apenas à sua função de informar, ou melhor, de levar ao conhecimento do público notícias, interpretações e opiniões. A Propaganda, embora tenha por atividade essencial a informação, vai mais além. Informa persuadindo, influenciando. Ao levar uma determinada mensagem ao conhecimento do público, o publicitário objetiva, ao mesmo tempo, informar e convencer. (...) Em face das mensagens da Propaganda o cidadão poderá ser levado a comprar um determinado produto, (...) (propaganda econômica ou comercial), ou a assumir determinada posição política ou filosófica (propaganda ideológica)." [67] José Marques de Melo acrescenta que Relações Públicas e Propaganda, "fundamentalmente, são dois tipos de atividades congêneres, distinguindo-se apenas pelos processos utilizados. Ambas objetivam persuadir. A propaganda faz persuasão com a finalidade de obter uma ação imediata. Por sua vez, as Relações Públicas buscam uma ação mediata, através da conceituação pública e da formação de imagens favoráveis".[68]

6. RELAÇÕES PÚBLICAS E RESPONSABILIDADE SOCIAL

Falou-se em Relações Públicas como "fim social"; outros autores falam em "responsabilidade social" ou "compromisso social". Vejamos como é tratada essa temática.

Bertrand R. Canfield: "para que RP sejam eficientes, a administração precisa aceitar sua responsabilidade social. Os líderes de empresas devem compreender que sua função é produzir utilidades para o público (os fregueses, os empregados e a comunidade), e não apenas dividendos para os acionistas. (...) O dever da administração é criar na empresa condições que levem ao bem-estar social e, de forma dinâmica, transmiti-las ao público".[69]

C. Teobaldo de S. Andrade: "Infelizmente, (...) tem sido a mentalidade predominante dos diretores de empresas em várias partes do globo terrestre: lucros. Poucos são os que reconhecem que toda empresa tem uma função social, solidária com o poder público, na

---
67. Idem, p. 70.
68. Idem, p. 71.
69. *Relações públicas.* v. 1, p. 6.

formulação do desenvolvimento geral. (...) Os homens por força da educação progressiva adquirem novas experiências, (...) a não satisfação dessas expectativas pode gerar frustrações individuais e desequilíbrio na sociedade. Cabe às Relações Públicas agir junto aos centros decisórios das instituições, procurando estabelecer a harmonia entre o interesse público e o privado, contribuindo assim para amenizar as tensões resultantes das atitudes individuais".[70]

Harwood L. Childs: "o problema básico das Relações Públicas (...) é harmonizar ou ajustar, no interesse público, aqueles aspectos de nosso comportamento pessoal e empresarial que têm significado para a sociedade".[71]

Ney Peixoto do Valle: "a diferença entre empresário e homem que faz negócios é que aquele reconhece que a empresa tem uma função social a desempenhar, enquanto este passa por cima de qualquer consideração alheia ao seu objetivo principal, que é o lucro".[72] E continua: "Não há como divorciar Relações Públicas do aspecto filosófico da empresa. Elas nascem nas atitudes coerentes da administração, em termos de utilidade, qualidade e preços dos produtos que fabrica, das condições de trabalho e de remuneração aos empregados, do atendimento aos compromissos fiscais e de outros fatores, para estender-se ao terreno do compromisso social. Em que se baseia esse compromisso social? Não seria suficiente produzir bens e serviços em qualidade e preços adequados às necessidades do mercado? O compromisso com o Estado não estaria satisfeito no momento em que a empresa recolhe corretamente os seus impostos? Propiciar empregos e pagar salários razoáveis não atende ao aspecto trabalhista? O desenvolvimento econômico não gerou no mesmo grau o ajustamento empresa-comunidade. (...) À proporção que as empresas se agigantam, simultaneamente se distanciam daqueles que com ela se relacionam ou que dela dependem. Surge aí a necessidade de uma nova atitude social, que objetive reduzir essas distâncias e as oposições e conflitos delas decorrentes, através da comuni-

---

70. *Psico-sociologia das relações públicas.* p. 105.
71. "O problema básico das relações públicas". In: SIMON, Raymond (org.). *Relações públicas — perspectivas de comunicação.* p. 63.
72. "Conscientização empresarial da importância de relações públicas". In: ANDRADE, C. Teobaldo de S. (org.). *Mini-anais da II semana paulista de estudos de relações públicas.* p. 11.

cação. Onde a empresa estaria falhando? Provavelmente na plena e correta utilização dos canais de comunicação. (...) Em que grau esse desajustamento afeta a estabilidade da empresa (...) e a empresa privada em geral? (...) A empresa que não está sabendo utilizar a comunicação social propicia que seus empregados, fregueses, acionistas, fornecedores, etc., assimilem impressões nem sempre exatas sobre a organização. A conscientização interna, no sentido de equilibrar interesses, é provavelmente a atividade primeira de um executivo de Relações Públicas. (...) O setor de Relações Públicas atua para restabelecer o equilíbrio rompido, estabelecendo canais de comunicação que permitem o fluxo de informações, o diálogo confiante, o entendimento em torno de interesses comuns".[73]

Qual é então a função social das Relações Públicas, se elas ao mesmo tempo em que procuram trabalhar as insatisfações de públicos permitindo correções das políticas das instituições, procuram também persuadir os públicos para estabelecer uma sintonia de interesses? É Ney Peixoto do Valle quem responde a esta questão: "é uma função destinada a dar à empresa a estabilidade ambiental necessária para que ela tenha tranqüilidade para atender aos seus objetivos econômicos, sem os conflitos e as perturbações oriundos da ausência de comunicações, ou de comunicações deficientes".[74]

Se sua função social é assegurar a existência das condições favoráveis à reprodução do capital, não se esconde que as Relações Públicas estão a serviço do capital. Porém, ao mesmo tempo procura-se camuflar esse comprometimento e os antagonismos estruturais ao atribuir que os conflitos são oriundos da ausência de comunicações ou de comunicações deficientes. Já outro estudioso das Relações Públicas adverte: "os antagonismos existentes dentro duma sociedade de classes é que impulsionam e motivam muitos conflitos e tensões. As Relações Públicas visam, portanto, atenuar, diminuir ou mesmo resolver (o que seria impraticável) as diversas polarizações, os dilemas vivos, atuantes, na luta dos contrários, no jogo dialético em que consiste a medula da vida".[75]

Bastaria a comunicação eficiente para sanar os antagonismos sociais ou apenas serviria para camuflá-los? Isso veremos adiante.

---

73. Idem, p. 13 a 15.
74. Idem, p. 12.
75. LEITE, R. de Paula. *Relações públicas.* p. 16.

7. RELAÇÃO TEORIA E PRÁTICA

Enquanto a prática das Relações Públicas na sociedade burguesa é explícita quanto à sua função persuasiva a serviço do capital, em nível teórico a impressão que se pode ter é que há certa hesitação em admiti-lo. Porém, esta é uma discrepância aparente e se desfaz ao analisarmos o conjunto do discurso das Relações Públicas, pois não chega a esconder o seu comprometimento com o capital.

É evidente que há ambigüidades nas Relações Públicas como são apresentadas. Por exemplo, apontam-se as Relações Públicas como tratando e servindo o interesse público ao mesmo tempo em que lhes são atribuídas funções de resguardar os interesses de instituições e governos na sociedade burguesa, que são interesses de classe.

Mas esta ambigüidade tem a ver com a sociedade capitalista, que também é ambígua, já que nela o interesse privado assume a aparência de interesse público, porque os princípios da igualdade, liberdade e propriedade norteiam a vida social, mas na prática não se concretizam devido às condições estruturais antagônicas do modo de produção capitalista.

Desse modo, não se verificam divergências substantivas entre os aspectos teóricos e a prática das Relações Públicas. A grande contradição está entre as Relações Públicas em seu conjunto e a realidade social. Explicando-nos melhor: a nível teórico, a nível do discurso, as Relações Públicas têm como pressuposto a igualdade social. Porém, na realidade, no social existem contradições, o real é desigual e antagônico. Então, na prática as Relações Públicas querem harmonizar as desigualdades e na teoria baseiam-se na igualdade, admitindo (teórica e praticamente) apenas conflitos, desarmonias ou desajustamentos de interesses. Aqui está a sua grande fragilidade, porque teoricamente se fundam em algo que não existe no real. Teórica e praticamente o harmonizar desiguais, ou melhor, antagônicos, é uma impossibilidade. A prática não consegue concretizar seu objetivo de estabelecer a "compreensão mútua". Quando muito consegue um compromisso, um comprometimento que é histórico. Em determinado momento histórico pode haver um determinado comprometimento, mas a dinâmica da história da sociedade tende a fazer com que o compromisso se modifique ou seja rompido.

Então, entre a teoria e a prática das Relações Públicas não há incoerência. A incoerência está entre Relações Públicas (teoria e prática) e a realidade social concreta.

As Relações Públicas se fundam na teoria funcionalista da sociedade, para a qual existem apenas disfunções, desigualdades, desarmonias, não captando os antagonismos.

O funcionalismo "engajado em posturas conservadoras (...) converte o estudo dos problemas da dinâmica social em meros esforços de caracterização do modo pelo qual os conteúdos presentes de cada situação concreta contribuem para a perpetuação das formas de vida social. Embora se preocupem, acidentalmente, por fatores de alteração (disfunção, função latente) estes estudos se reduzem quase sempre a demonstrações de interdependências funcionais".[76]

Com base em Fernando Henrique Cardoso, Dilvo Peruzzo afirma que "há no funcionalismo uma gama de autores com matizes um tanto diversos, embora tenham um universo comum de trabalho. (...) A abordagem mais sofisticada do funcionalismo, para a análise sistêmica, é o modelo cibernético ou de autogoverno de David Easton. Este agrega duas dimensões fundamentais à análise, quais sejam: a interpretação das variações estruturais no seio do sistema, promovidas por seus membros como resposta para regular as tensões internas e externas ao sistema ou desfazer-se delas; e 'a capacidade de um sistema para persistir diante das tensões depende tanto de sua capacidade de dispor de informações sobre a natureza dessas tensões quanto da capacidade que tenham as pessoas que tomam decisões de reconverter, com bases nas novas informações, as diretivas anteriores (qualidade de *feed back*)'".[77]

Segundo esta concepção, "os sistemas políticos estão dotados de capacidade de receber desafios e adaptar-se à nova realidade. O sistema é realimentado através da informação, a partir do que regula as novas propostas. Com isso torna-se criativo e estável. Um sistema, portanto, persistirá desde que tenha capacidade de dar respostas às tensões e que haja quem o sustente. Caso isso não ocorra, a própria sociedade desaparecerá".[78]

E, ainda, as Relações Públicas se conjugam com o funcionalismo, visto que para este, à medida que aumentam as atividades na sociedade, os homens se especializam, aumentando a rivalidade e a competição entre si. Apesar disto, a sociedade não se desintegra,

---

76. RIBEIRO, Darci. *As Américas e a civilização.* p. 28.
77. *Brasil: da crise de 1929 ao Estado Novo.* p. 10. (mimeog.)
78. PERUZZO, Dilvo. Idem, p. 10 e 11.

pelo contrário, cresce a coesão entre os homens, visto estes se sentirem complementares e interdependentes. Donde, as Relações Públicas atuariam para substantivar a compreensão, a cooperação e a harmonia social entre os homens interdependentes e complementares; e então todos se beneficiam. As Relações Públicas seriam, então, instrumento do bem comum. Porém escapa ao funcionalismo a capacidade explicativa da mudança social. E, conforme Percy S. Cohen, "o funcionalismo não fornece uma explicação de seus *próprios* pressupostos, isto é, as idéias funcionalistas não explicam por que é que existem inter-relações funcionais em toda a vida social e por que o próprio grau de interdependência funcional em sociedades ou setores de sociedades varia. Se ele pudesse fazer isso, então não haveria dificuldade em demonstrar que as explicações tanto da persistência quanto da mudança social fazem uso das mesmas teorias e dos mesmos modelos da vida social".[79]

As Relações Públicas na prática e em seus pressupostos teóricos no modo de produção capitalista participam objetivamente da ideologia burguesa que procura ocultar as contradições sociais. Dentro da concepção ideológica burguesa divulgam-se idéias procurando fazer "com que os homens creiam que são desiguais por natureza e por talentos, ou que são desiguais por desejo próprio, isto é, os que honestamente trabalham enriquecem e os preguiçosos empobrecem. Ou, então, faz com que creiam que são desiguais por natureza, mas que a vida social, permitindo a todos o direito de trabalhar, lhes dá iguais chances de melhorar — ocultando, assim, que os que trabalham não são senhores de seu trabalho e que, portanto, suas 'chances de melhorar' não dependem deles, mas de quem possui os meios e condições do trabalho. Ou, ainda, faz com que os homens creiam que são desiguais por natureza e pelas condições sociais, mas que são iguais perante a lei e perante o Estado, escondendo que a lei foi feita pelos dominantes e que o Estado é instrumento dos dominantes".[80]

Nega-se, portanto, a existência de classes sociais como fundamentadas pelas relações sociais de produção, visto que "à burguesia interessa ocultar a existência do proletário, fruto das relações burguesas de produção e condição de sua permanência".[81] As Re-

---
79. *Teoria social moderna.* p. 84.
80. CHAUÍ, Marilena de S. *O que é a ideologia.* p. 79.
81. ENGELS, Friedrich. "Contribuição ao problema da habitação". In: MARX, Karl & ENGELS, Friedrich. *Obras escolhidas.* v. 2, p. 136 e 137.

lações Públicas se dizem promover o bem-estar social e a igualdade nas relações sociais numa sociedade marcada por profundas diferenças de classe. Tratam os interesses privados como sendo interesses comuns de toda a sociedade, escondendo que esses interesses são comuns à classe que detém o controle econômico, social, cultural e político da sociedade. Em suma, elas contribuem para camuflar os conflitos de classe e educar a sociedade na direção ideológica burguesa para preservar a dominação do capital sobre o trabalho. Suas manifestações ocultam a dinâmica inerente e constitutiva do modo de produção capitalista.

Na verdade, as Relações Públicas são uma necessidade do modo de produção capitalista. A evolução do capitalismo requer o surgimento e evolução das Relações Públicas. Portanto, para entendê-las em sua radicalidade há que entender o modo de produção capitalista.

CAPÍTULO III — RELAÇÕES PÚBLICAS E OS FUNDAMENTOS CONSTITUTIVOS DO MODO DE PRODUÇÃO CAPITALISTA

Neste capítulo vamos nos deter na análise das Relações Públicas nas empresas, o que quer dizer na base econômica da sociedade. Para isso é necessário que explicitemos alguns aspectos de mecanismos do funcionamento do modo de produção para apanhar o patamar onde as Relações Públicas acontecem.

1. A MERCADORIA E SEU FETICHE

O modo de produção capitalista é por excelência um modo de produção de mercadorias. Na produção de mercadorias entram em relações o capital e o trabalho, ou os possuidores do dinheiro e os possuidores da própria força de trabalho. Os possuidores do dinheiro querem transformá-lo em mais dinheiro, em capital. E é a transformação do dinheiro em capital (ou seja: o dinheiro começa a reproduzir-se) que marca a origem do capitalismo. Segundo Karl Marx, "a mudança do valor do dinheiro que se pretende transformar em capital não pode ocorrer no próprio dinheiro. Ao servir de meio de compra ou de pagamento, o dinheiro apenas realiza o preço da mercadoria, que compra ou paga, e, ao manter-se em sua própria forma, petrifica-se em valor de magnitude fixada. Tampouco pode a mudança do valor decorrer do segundo ato da circulação, da revenda da mercadoria, pois esse ato apenas reconverte a mercadoria da forma natural em forma dinheiro. A mudança tem portanto de ocorrer com a mercadoria comprada no primeiro ato D — M[1], mas

---

1. Dinheiro — Mercadoria.

não em seu valor, pois se trocam equivalentes, as mercadorias são pagas pelo seu valor. A mudança só pode portanto originar-se de seu valor-de-uso como tal, de seu consumo. Para extrair valor do consumo de uma mercadoria, nosso possuidor de dinheiro deve ter a felicidade de descobrir, dentro da esfera da circulação, no mercado, uma mercadoria cujo valor-de-uso possua a propriedade peculiar de ser fonte de valor; de modo que consumi-la seja realmente encarnar trabalho, criar valor, portanto. E o possuidor de dinheiro encontra no mercado essa mercadoria especial: é a capacidade de trabalho ou a força de trabalho".[2]

Por força de trabalho ou capacidade de trabalho, compreende-se o conjunto das faculdades físicas e mentais do ser humano, as quais ele põe em ação toda vez que produz valores-de-uso de qualquer espécie.[3]

Uma das nuances das Relações Públicas burguesas se constitui nas relações entre os possuidores do dinheiro e os possuidores da própria força de trabalho que entram em relações em função da produção de mercadorias. O modo de produção capitalista é por excelência um modo de produção de mercadorias. Mas, o que é a mercadoria?

A mercadoria é, à primeira vista, algo muito simples que por suas propriedades satisfaz necessidades. A utilidade da mercadoria faz dela valor-de-uso, ou seja, é útil, satisfaz necessidades humanas. As mercadorias vêm ao mundo sob a forma de valores-de-uso, de objetos materiais, mas só são mercadorias por serem ao mesmo tempo objetos úteis e veículos de valor.[4]

O valor de uma mercadoria é a quantidade de trabalho social nela cristalizado. "As mercadorias (. . .) só encarnam valor na medida em que são expressões de uma mesma substância social, o trabalho humano; seu valor é, portanto, uma realidade apenas social, só podendo manifestar-se, evidentemente, na relação social em que uma mercadoria se troca por outra."[5]

Mercadoria é "valor-de-uso ou objeto útil e valor".[6] É, pois, expressão de valor, mas também um processo. Valor e valor-de-uso

---
2. *O capital.* l. 1, v. 1, p. 187.
3. MARX, K. Idem.
4. Idem, p. 41, 42, 54 e 55.
5. Idem, p. 55.
6. Idem, p. 68.

fazem parte da mercadoria, mas ela só se constitui como mercadoria à medida que se produz para a troca. "Em todos os estágios sociais, o produto do trabalho é valor-de-uso; mas só um período determinado do desenvolvimento histórico, em que se representa o trabalho despendido na produção de uma coisa útil como propriedade 'objetiva', inerente a essa coisa, isto é, com seu valor, é que transforma o produto do trabalho em mercadoria." [7] Para ser mercadoria há necessidade do valor-de-troca e que tenha um valor-de-uso para o consumidor. Enquanto o valor-de-troca se realiza, o valor-de-uso é negado. O valor-de-uso só vai se realizar no ato de consumo. Há pois uma dissociação entre valor-de-uso e valor-de-troca da mercadoria.

As mercadorias "chegam em última instância ao consumidor que procura esse valor de uso; isso acontece apenas porque chegam antes a um mercado onde são comparadas a outras mercadorias sob o aspecto puramente quantitativo de seu valor de troca. É por esta razão que, quando os bens se tornam mercadorias, eles se desdobram bruscamente e apresentam dois atributos diferentes, aparentemente independentes um do outro: um valor de uso, que interessa apenas ao último consumidor quando a mercadoria deixa o mercado, e um valor de troca, qualitativamente idêntico em todas as mercadorias e diferente apenas por sua quantidade. É esse valor de troca comum a todas as mercadorias que permite sua comparação e sua troca no mercado".[8]

Em todo esse processo, o trabalho social cristalizado, que é o referencial do valor, fica disfarçado sob a forma da igualdade dos produtos do trabalho como mercadorias. A relação social do trabalho entre os produtores assume a forma de relação social entre os produtos do trabalho. Ou seja, na mercadoria as características do trabalho humano são encobertas, e aparecem como sendo características materiais e propriedades sociais inerentes aos produtos do trabalho. Com essa dissimulação, os produtos do trabalho se tornam mercadorias, coisas sociais. A forma mercadoria e a relação de valor entre os produtos do trabalho (que caracteriza esta forma) não têm a ver com a natureza física desses produtos, nem com as relações materiais dela decorrentes. Portanto, uma relação social definida, estabelecida entre os homens, fantasmagoricamente assume a

---

7. Idem, p. 70.
8. GOLDMANN, Lucien. *Dialética e cultura.* p. 116.

forma de relação entre coisas. Isto é o fetichismo da mercadoria, analisado por K. Marx. O fetichismo das mercadorias decorre do caráter social próprio do trabalho que produz mercadorias. Na troca, os trabalhos privados atuam como componentes do trabalho social, somente através das relações que a troca estabelece entre os produtos do trabalho, e através deles, entre os produtores. Portanto, as relações entre as pessoas aparecem como materiais, e entre coisas como relações sociais. Os trocadores de mercadorias encontram-se sob o controle da atividade das coisas e a atividade social passa a ser uma atividade de coisas. Temos, pois, que a mercadoria que parece ser coisa concreta, trivial, imediatamente compreensível, carrega um caráter misterioso, visto que o concreto para Karl Marx é "síntese de múltiplas determinações; logo, unidade da diversidade".[9] Ela é misteriosa por encobrir as características sociais do próprio trabalho dos homens, por ocultar a relação social entre os trabalhos individuais dos produtos e o trabalho total. A quantidade de valor é ocultada nos movimentos das mercadorias. Repetindo, pois, fetichismo da mercadoria é esse processo no qual o valor se apresenta à consciência dos homens como uma qualidade objetiva da mercadoria.[10]

Ainda segundo K. Marx, o dinheiro, forma acabada do mundo das mercadorias, é que dissimula o caráter social dos trabalhos privados e as relações sociais entre os produtores.[11]

As mercadorias se apresentam em formas diferentes de valores-de-uso, mas possuem uma forma comum de valor, isto é, a "forma dinheiro do valor". Marx elucida a gênese da "forma dinheiro do valor", que em síntese é o resultado de várias metamorfoses que surge para facilitar as trocas, pois se começa a empregar uma determinada mercadoria como equivalente para todas as outras. Essa mercadoria se destaca do conjunto de todas as outras para se colocar à frente como equivalente geral, isto é, o dinheiro. Mas, seja através de mercadorias diretamente, seja através do dinheiro, a lei de trocas permanece a mesma. Uma mercadoria só pode ser trocada por outra se o seu valor-de-troca for igual. E, como já dissemos, o que determina o valor de uma mercadoria é o trabalho social nela

---
9. *Contribuição à crítica da economia política.* p. 218.
10. Sobre o fetichismo da mercadoria: *O capital.* I. 1, v. 1, p. 79 a 93.
11. Idem, p. 84.

cristalizado.[12] Portanto, em última instância, o que se troca é o trabalho social cristalizado nestas mercadorias.

2. MAIS-VALIA

Voltemos ainda ao encontro entre o possuidor do dinheiro e o possuidor da força de trabalho. Dissemos que eles entram em relações em função da produção de mercadorias. Quando isso acontece, certamente o possuidor do dinheiro — o capitalista — já comprou máquinas, matérias-primas, edifícios, etc. Eles entram em relações de contrato, em relações de compra e venda. Um compra e o outro vende uma mercadoria: a força de trabalho. "O comprador da força de trabalho consome-a, fazendo o vendedor dela trabalhar. Este, ao trabalhar, torna-se realmente no que antes era apenas potencialmente: força de trabalho em ação, trabalhador."[13] "O trabalhador trabalha sob o controle do capitalista, a quem pertence o seu trabalho. O capitalista cuida em que o trabalho se realize de maneira apropriada e em que se apliquem adequadamente os meios de produção, não se desperdiçando matérias-primas e poupando-se o instrumental de trabalho, de modo que só se gaste deles o que for imprescindível à execução do trabalho. (...) O produto é propriedade do capitalista, não do produtor imediato, o trabalhador. O capitalista paga, por exemplo, o valor diário da força de trabalho.[14] Sua utilização, como a de qualquer outra mercadoria, por exemplo a de um cavalo que alugou por um dia, pertence-lhe todo o dia. Ao comprador pertence o uso da mercadoria, e o possuidor da força de trabalho apenas cede realmente valor-de-uso que vendeu, ao ceder seu trabalho. Ao penetrar o trabalhador na oficina do capitalista, pertence a este o valor-de-uso de sua força de trabalho, sua utilização, o trabalho. O capitalista compra a força de trabalho e incorpora o trabalho, fermento vivo, aos elementos mortos constitutivos

---

12. MARX, K. *O capital.* l. 1, v. 1, p. 55 a 79.
13. Idem, p. 201.
14. O valor da força de trabalho é determinado pela soma dos meios de subsistência necessários à manutenção de seu possuidor e de sua família, porque a produção da força de trabalho consiste em sua manutenção ou reprodução. Essas necessidades são históricas, dependendo pois de diversos fatores, como o grau de civilização de um país e das condições em que se formou a classe dos trabalhadores livres com seus hábitos e exigências peculiares. MARX, K. *O capital.* l. 1, v. 1, p. 191 e 192.

do produto, os quais também lhe pertencem. Do seu ponto de vista, o processo de trabalho é apenas o consumo da mercadoria que comprou, a força de trabalho, que só pode consumir adicionando-lhe meios de produção. O processo de trabalho é um processo que ocorre entre outras coisas que o capitalista comprou, entre coisas que lhe pertencem. O produto desse processo pertence-lhe do mesmo modo que o produto do processo de fermentação em sua adega." [15]

O valor da força de trabalho é medido pela quantidade de meios necessários à subsistência, mas o uso da força de trabalho só é limitado pela energia vital e a força física do trabalhador. O capitalista, como qualquer outro comprador, vai consumir ao máximo o valor-de-uso que comprou. Ao comprar o valor diário da força de trabalho, vai fazê-la trabalhar durante todo o dia. Do dia de 24 horas, já se tem que eliminar umas horas, pois o operário precisa dormir, comer etc., para criar nova força, e também devido às conquistas dos trabalhadores em suas lutas para a redução da jornada de trabalho ao longo da história. Assim, se o trabalho social necessário para produzir o valor correspondente a sua sobrevivência for 4 (quatro) horas, o capitalista fará com que a força de trabalho trabalhe 8 (oito) horas, pois adquiriu o direito de usá-la durante este dia. E como o capitalista já calculou o valor da força de trabalho que corresponde a 4 (quatro) horas de trabalho diário, é esse valor que receberá em salário. O trabalho excedente de 4 (quatro) horas irá traduzir-se em mais-valia e em um sobreproduto que irá para o capitalista, pois 4 (quatro) horas de trabalho eram suficientes para reproduzir o valor da força de trabalho.[16]

Então, a produção da mais-valia ocorre na esfera da produção e se origina de um excedente quantitativo de trabalho, da duração prolongada da jornada de trabalho. A este processo K. Marx chama de mais-valia absoluta. Porém, a mais-valia não é produzida só pelo prolongamento da jornada de trabalho. Ela se realiza também quando se inverte menor quantidade de trabalho socialmente necessário na produção de uma dada quantidade de mercadorias. É a mais-valia relativa. Esta decorre do aumento da produtividade do trabalho.

Vários fatores podem fazer com que se modifique a produtividade do trabalho. De um lado, as condições naturais do trabalho,

---

15. Idem, p. 209 e 210.
16. Idem, p. 210 a 223.

como a fertilidade do solo, riqueza das jazidas minerais, etc. Por outro lado, o aperfeiçoamento das forças sociais do trabalho por efeito da produção em grande escala, da concentração do capital, da combinação do trabalho, da divisão do trabalho, maquinaria, melhoria dos métodos, aplicação de meios químicos e outras forças naturais, redução do tempo e do espaço graças aos meios de comunicação e de transporte, e todos os demais inventos pelos quais a ciência obriga as forças naturais a servir o trabalho, e pelos quais desenvolve o caráter social e cooperativo do trabalho.[17]

Karl Marx entende por "elevação da produtividade do trabalho em geral uma modificação no processo de trabalho por meio da qual se encurta o tempo de trabalho socialmente necessário para produção de uma mercadoria, conseguindo-se produzir com a mesma quantidade de trabalho quantidade maior de valor-de-uso. (...) Quando se trata de produzir mais-valia tornando excedente trabalho necessário, não basta que o capital se aposse do processo de trabalho na situação em que se encontra ou que lhe foi historicamente transmitida, limitando-se a prolongar sua duração. É mister que se transformem as condições técnicas e sociais do processo de trabalho, que muda o próprio modo de produção, a fim de aumentar a força produtiva do trabalho. Só assim pode cair o valor da força de trabalho e reduzir-se a parte do dia de trabalho necessária para reproduzir esse valor".[18]

3. A COOPERAÇÃO

Entre as várias maneiras de fazer aumentar o lucro dentro dos limites da jornada de trabalho, vamos examinar a cooperação. "A atuação simultânea de grande número de trabalhadores, no mesmo local, ou, se se quiser, no mesmo campo de atividade, para produzir a mesma espécie de mercadoria sob o comando do mesmo capitalista constitui, histórica e logicamente, o ponto de partida da produção capitalista."[19] Portanto, é fundamental na produção capitalista a existência de trabalhadores atuando juntos. O capitalista

---
17. MARX, Karl. "Salário, preço e lucro". In: MARX, K. & ENGELS, Friedrich. *Textos*. v. 3, p. 355.
18. MARX, Karl. *O capital*. l. 1, v. 1, p. 362.
19. Idem, p. 370.

juntou trabalhadores, e como resultado não tem a soma mas a multiplicação da força de trabalho. Isso é a cooperação. Porque "chama-se cooperação a forma de trabalho em que muitos trabalham juntos, de acordo com um plano, no mesmo processo de produção ou em processos de produção diferentes mas conexos".[20]

Assim, a produção tem um plano a seguir. Existe a racionalização e seus fins são fixados, bem como a forma de como fazer para atingi-los. Porém, quem estabelece fins e formas é o capitalista e não os trabalhadores, uma vez que, no contrato que fizeram com o empresário, eles venderam a força de trabalho para uso do comprador. Através da cooperação o capitalista vai extrair o máximo do valor-de-uso que comprou.

Na verdade, a cooperação, entre outros métodos de potenciação, é um meio de aumentar a geração da mais-valia relativa, porque o trabalho combinado cria nova força produtiva, a força coletiva, e o capitalista paga em forma de salário valor da força de trabalho individual uma vez que contratou trabalhadores independentes entre si.

A cooperação pode se realizar de vários ângulos. Antes de mais nada, "a lei da produção do valor só se realiza plenamente para o produtor individual quando produz como capitalista, empregando, ao mesmo tempo, muitos trabalhadores, pondo em movimento, desde o começo, trabalho social médio".[21] Isso significa que as diferenças individuais compensam-se e desaparecem uma vez que se junta um certo número de trabalhadores. Se o capitalista contrata 20 (vinte) trabalhadores, importa para ele o dia de trabalho dos 20 (vinte) como trabalho coletivo, não importando se uns ajudaram os outros na execução da tarefa.

Através da cooperação obtém-se a economia dos meios de produção: "Meios de produção utilizados em comum cedem porção menor de valor a cada produto isolado, seja porque o valor total que transferem se reparte simultaneamente por quantidade maior de produtos, seja porque, em comparação com os meios de produção isolados, entram no processo de produção, em virtude de sua eficácia, com valor relativo menor, embora representem valor absoluto maior.

---

20. Idem, p. 374.
21. Idem, p. 372.

Por isso, diminui a porção de valor do capital constante [22] que se transfere a cada produto isolado e na proporção dessa queda cai o valor global da mercadoria".[23] Ora, quando caem os valores das mercadorias, o trabalho socialmente necessário diminui, empurrando para cima o trabalho excedente, conseqüentemente fazendo crescer a mais-valia relativa.

Os valores do capital constante transferidos a cada mercadoria tornam-se ainda menores quando, por exemplo, um empregador faz com que os trabalhadores trabalhem em dois ou três turnos. Com este artifício um prédio que abriga cem trabalhadores pode abrigar trezentos, poupando-se dois prédios. Reduz-se, portanto, grandemente a parcela do capital constante. O capital adiantado é menor. O custo da mercadoria é menor. O trabalho necessário é menor. A mais-valia é maior.

Outra nuance da cooperação é o aumento da força produtiva através de estímulo de cunho psicológico. "O efeito do trabalho combinado não poderia ser produzido pelo trabalho individual, e só o seria num espaço de tempo muito mais longo ou numa escala muito reduzida. Não se trata aqui da elevação da força produtiva individual através da cooperação, mas da criação de uma força produtiva nova, a saber, a força coletiva. Pondo de lado a nova potência que surge da fusão de muitas forças numa força comum, simples contato social, na maioria dos trabalhos produtivos, provoca emulação entre os participantes, animando-os e estimulando-os, o que aumenta a capacidade de realização de cada um." [24]

É o estímulo que uns transmitem aos outros, tornando-os diligentes, parecendo uma certa "competição cooperativa". Este aspecto é muito freqüente também nos escritórios das empresas. Quando, por exemplo, um trabalhador é obrigado a desempenhar tarefas volumosas periódicas que desequilibram a sua rotina de trabalho, outros trabalhadores deixam as suas tarefas e auxiliam o que está sobrecar-

---
22. Capital constante é a parte do capital que se converte em meios de produção, isto é, em matéria-prima, materiais acessórios e meios de trabalho, que não muda a magnitude do seu valor no processo de produção. Já o capital variável é a parte do capital convertida em força de trabalho, que, ao contrário, muda de valor no processo de produção. Reproduz o próprio equivalente e proporciona um excedente, a mais-valia. MARX, K. *O capital*. l. 1, v. 1, p. 234.
23. Idem, p. 373.
24. Idem, p. 374 e 375.

regado de trabalho. Aí num clima de competição descontraída executam a tarefa rapidamente. Ou, quando trabalhadores terminam o seu trabalho, "dão uma mão" ao que não terminou o seu, o que os anima aumentando a capacidade de realização individual. A empresa não precisa contratar outro trabalhador para aquela tarefa nem contratar serviços de terceiros, nem adquirir instrumentos de trabalho mais aperfeiçoados que agilizem o processo de trabalho, além da vantagem de usufruir da força coletiva. Ou, por outro lado, trabalha-se durante uma parte do horário reservado para o almoço, fica-se um pouco além do horário da saída para estar em dia com a sua tarefa. "Tenho que fechar o caixa", "tenho que fechar o balancete" são expressões comuns nos bancos e no setor contábil-financeiro das diferentes empresas, obrigando o trabalhador a prolongar a jornada de trabalho.

Outro aspecto da cooperação é a potenciação da força de trabalho pela simples soma das várias forças de trabalho. Assim, 10 (dez) trabalhadores juntos transportam de um lugar para outro 10 (dez) blocos de pedra de 300 kg cada um em menos tempo do que se cada um dos 10 (dez) trabalhadores tivesse que transportar isosoladamente o seu bloco. Cada trabalhador isolado não seria capaz de realizar sua tarefa ou a realizaria em maior espaço de tempo do que o necessário para o trabalho cooperado.

Realizando simultaneamente e em conjunto o mesmo trabalho ou a mesma espécie de trabalho, podem os trabalhos individuais representar, como partes do trabalho total, diferentes fases do processo de trabalho, percorridas mais rapidamente pelo objeto de trabalho em virtude da cooperação. Se pedreiros, por exemplo, formam uma fila para passar tijolos até o alto do andaime, cada um deles faz a mesma coisa, mas seus atos individuais constituem parte integrante de uma operação conjunta, fases especiais que cada tijolo tem de percorrer no processo de trabalho; supondo que sejam 20 (vinte) trabalhadores, os 40 (quarenta) braços do trabalhador coletivo transportam-no mais rapidamente do que se os mesmos 20 (vinte) trabalhadores, isoladamente, com seus dois braços subissem e descessem o andaime. O objeto de trabalho percorre, assim, o mesmo espaço em menos tempo.[25] Como também é facilmente observada a cooperação na produção industrial, onde nas linhas de fabricação

---

25. Idem, p. 375 e 376.

ou de montagem, por exemplo, muitos trabalhadores cooperados executam a mesma tarefa ou tarefas complementares. Como resultado obtém-se, através da jornada de trabalho coletiva, uma produção maior do que se todas as estapas da operação fossem realizadas isoladamente por cada trabalhador, um vez que demandaria movimentos físicos diversos sem contar as outras vantagens da cooperação como o estímulo psicológico, o aproveitamento do espaço físico e dos instrumentos coletivos de trabalho. Além disso, cada trabalhador exerce uma função específica, em torno da qual se especializa em pouco tempo, dedicando-se por inteiro à mesma tarefa. Com isso executa-a com mais rapidez e mais perfeição. Esta força de trabalho se qualifica em muito menos tempo que no artesanato. De sorte a fazer com que a reprodução da força de trabalho tenha menor custo, podendo ser facilmente produzida e substituída. Assim, o trabalho necessário para a reprodução da força de trabalho diminui, alargando o trabalho excedente, portanto aumentando a mais-valia.

É fundamental também a cooperação em alguns ramos da produção, como por exemplo na agricultura. Se se trata de colher uma lavoura de uva, a quantidade e a qualidade do vinho dependem de se iniciar e concluir em tempo fixado a colheita. Portanto, se um trabalhador só pode dedicar-se 8 (oito) horas por dia na colheita da uva, a cooperação de 20 (vinte) trabalhadores converte essa jornada em 160 (cento e sessenta) horas, com a vantagem de ser o trabalho cooperado mais produtivo. Assim, a "brevidade do período de trabalho é compensada pela quantidade de trabalho que pode ser empregado no campo de produção, no momento decisivo. O efeito oportuno depende aqui do emprego simultâneo de muitas jornadas combinadas, e a extensão do efeito útil, do número de trabalhadores; esse número, entretanto, é sempre menor que o número de trabalhadores que, isoladamente, realizariam o mesmo volume de trabalho no mesmo período".[26]

A cooperação permite ainda ampliar o espaço no qual se realiza o trabalho, sendo exigida por certos processos de trabalho em virtude da extensão do espaço em que se executa. É o que ocorre com a drenagem, estradas, ferrovias, etc. Além disso, ela possibilita que a produção, relativamente à sua escala, seja levada a cabo num espaço menor. Essa redução do espaço de trabalho simultaneamen-

---

26. Idem, p. 377.

te com a ampliação da eficácia possibilita eliminar uma série de custos dispensáveis.[27]

A soma de jornadas de trabalho individual, isoladas, comparadas à soma de jornadas de trabalho coletivo, mostra que a jornada de trabalho coletivo produz mais valor-de-uso e "reduz por isso o tempo de trabalho necessário para a produção de determinado efeito útil. A jornada coletiva tem essa maior produtividade ou por ter elevado a potência do trabalho, ou por ter ampliado o espaço em que atua o trabalho, ou por ter reduzido esse espaço em relação à escala da produção, ou por mobilizar muito trabalho no momento crítico, ou por despertar a emulação entre os indivíduos e animá-los, ou por imprimir às tarefas semelhantes de muitos o cunho de continuidade e da multiformidade, ou por realizar diversas operações ao mesmo tempo, ou por poupar os meios de produção em virtude do seu uso em comum, ou por emprestar ao trabalho individual o caráter de trabalho social médio. Em todos os casos, a produtividade específica da jornada de trabalho coletiva é a força produtiva social do trabalho. (...) Ela tem sua origem na própria cooperação. Ao cooperar com outros de acordo com um plano, desfaz-se o trabalhador dos limites de sua individualidade e desenvolve a capacidade de sua espécie".[28]

Como vimos, a cooperação pode ser conseguida de várias maneiras. Ela aumenta a produtividade do trabalho fazendo aumentar a mais-valia. Desse modo, a cooperação é um dos meios de aumentar o lucro, uma vez que o "objetivo que determina o processo de produção capitalista é a maior expansão possível do próprio capital, isto é, a maior produção possível de mais-valia, portanto, a maior exploração possível da força de trabalho".[29]

Temos, então, no capital *versus* trabalho, ou capitalistas *versus* força de trabalho, um antagonismo: um explora e o outro é explorado. Enquanto a cooperação é imprescindível para a produção capitalista visto que esta aumenta a produtividade do trabalho e portanto a exploração do capital sobre o trabalho, potencia também condições de resistência do trabalho ao capital.

---

27. Idem, p. 377 e 378.
28. Idem, p. 378.
29. Idem, p. 380.

4. RELAÇÕES PÚBLICAS: MEIO PARA PREDISPOR A FORÇA DE TRABALHO À COOPERAÇÃO

O senhor do capital, com o desenvolvimento da produção capitalista, "se desfaz da função de supervisão direta e contínua dos trabalhadores isolados e dos grupos de trabalhadores, entregando-a a um tipo especial de assalariados. Do mesmo modo que um exército, a massa de trabalhadores que trabalha em conjunto sob o comando do mesmo capital precisa de oficiais superiores (dirigentes, gerentes) e suboficiais (contramestres, inspetores, capatazes, feitores), que, durante o processo de trabalho, comandam em nome do capital".[30]

Também, com o desenvolvimento da produção capitalista, como só a coerção para manter o processo de produção não é producente, criam-se mecanismos sutis de dominação, como as "relações humanas" e as Relações Públicas que buscam em última instância o consenso dos trabalhadores. Isso é evidente visto que a função de direção "não é apenas uma função especial, derivada da natureza do processo de trabalho social e peculiar a esse processo; além disso, ela se destina a explorar um processo de trabalho social, e, por isso, tem por condição o antagonismo inevitável entre o explorador e a matéria-prima de sua exploração. (...) É processo de trabalho social para produzir um produto e processo de produzir mais-valia".[31]

É neste contexto que está a raiz da questão das Relações Públicas, que na relação capital-trabalho se constituem em um dos instrumentos para condicionar a submissão do trabalho ao capital. As Relações Públicas procuram envolver os trabalhadores nos objetivos da empresa como se fossem os seus próprios. Esse envolvimento mental cria condições para que o trabalhador seja alguém que produz mais motivado pela satisfação pessoal e predisposto à cooperação. Procura-se, pois, potenciar essa força produtiva (a cooperação) para aumentar a produtividade do trabalho e a produção, o que aumenta o trabalho não pago e barateia o valor da força de trabalho, aumentando a exploração. Como pode haver "compreensão mútua" entre capital e trabalho, ou seja, entre forças antagônicas, entre explorador e explorado? O que pode haver é o comprometimento devido às relações de dependência recíproca entre capital e trabalho e não

---
30. Idem, p. 381.
31. Idem, p. 380 e 381.

a identidade de interesses. Não existe capital em si, mas capital relacionado ao trabalho; não existem pessoas em si, mas pessoas relacionadas, seja na escola, na igreja, no trabalho, na família, etc. As relações de dependência recíproca envolvem a divisão do trabalho consolidada num sistema de desigualdade que gera a diversidade da apropriação do produto do trabalho devido à propriedade privada dos meios de produção e tudo isso funda a contradição. Entretanto, na dialética das relações de dependência recíproca e de interesses antagônicos o comprometimento entre capital e trabalho se altera. Nas relações de dependência recíproca há cumplicidade entre desiguais, como no caso do contrato de trabalho. Um cede diante do outro; há barganha. Uma empresa que atende as reivindicações dos seus empregados melhorando, por exemplo, a alimentação dentro da empresa ou o sistema de benefícios, está proporcionando benefícios e se comprometendo com interesses dos trabalhadores, o que não significa que seus interesses em jogo sejam idênticos aos dos trabalhadores. Ocorre a diferenciação social na divisão social do trabalho, a hierarquização, a apropriação desigual numa estrutura de dominação-subordinação. Daí a alienação. Alienação é expropriar o outro e pode ser econômica, espiritual, cultural, política ou religiosa.

5. ALIENAÇÃO

Karl Marx, nos *Manuscritos econômicos e filosóficos,* analisa o processo da alienação. Ele começa observando um fato econômico que ocorre claramente em alguns países: "O trabalhador fica mais pobre à medida que produz mais riqueza e sua produção cresce em força e extensão. O trabalhador torna-se uma mercadoria ainda mais barata à medida que cria mais bens. A desvalorização do mundo humano aumenta na razão direta do aumento de valor do mundo das coisas. O trabalho não cria apenas bens; ele também produz a si mesmo e o trabalhador como mercadoria, e, deveras, na mesma proporção em que produz bens".[32] Esse fato mostra que o objeto produzido pelo trabalho, o produto do trabalho, se impõe ao trabalhador como um ser alienado, como uma força independente do produtor. Assim, a relação do trabalhador com o produto do trabalho como um objeto estranho que o domina é a primeira caracte-

---

32. In: FROMM, Erich. *Conceito marxista do homem.* p. 90.

rística da alienação. A alienação aparece também como processo de produção dentro da atividade produtiva. "Como poderia o trabalhador ficar numa relação alienada com o produto de sua atividade se não se alienasse a si mesmo no próprio ato da produção? (...) Se o produto do trabalho é alienação, a própria produção deve ser alienação ativa — a alienação da atividade da alienação. A alienação do objeto do trabalho simplesmente resume a alienação da própria atividade do trabalho." [33] A alienação do trabalho constitui-se, primeiramente, por ser o "trabalho externo ao trabalhador, não fazer parte de sua natureza, e, por conseguinte, ele não se realizar em seu trabalho mas negar a si mesmo, ter um sentimento de sofrimento em vez de bem-estar, não desenvolver livremente suas energias mentais e físicas mas ficar fisicamente exausto e mentalmente deprimido. O trabalhador, portanto, só se sente à vontade em seu tempo de folga, enquanto no trabalho se sente contrafeito. Seu trabalho não é voluntário, porém imposto, é *trabalho forçado*. Ele não é a satisfação de uma necessidade, mas apenas um meio para satisfazer outras necessidades. Seu caráter alienado é claramente atestado pelo fato de, logo que não haja compulsão física ou outra qualquer, ser evitado como uma praga. O trabalho exteriorizado, trabalho em que o homem se aliena a si mesmo, é um trabalho de sacrifício próprio, de mortificação. Por fim, o caráter exteriorizado do trabalho para o trabalhador é demonstrado por não ser o trabalho dele mesmo mas trabalho para outrem, por no trabalho ele não se pertencer a si mesmo mas sim a outra pessoa".[34]

Não seria devido a essa problemática o incentivo na sociedade burguesa para o trabalhador, o estudante, especializar-se naquilo para que tem "vocação"? Não seria a chamada "realização pessoal" mais um meio de enganar o trabalhador estimulando-o a dedicar-se mais intensamente ao trabalho através da aparência de trabalho voluntário? Por outro lado, se não fosse "trabalho forçado" aquele que o trabalhador faz para satisfazer as suas necessidades de subsistência, o trabalhador esperaria tão angustiado pelas folgas semanais ou de férias e feriados?

A segunda característica do trabalho alienado é, pois, "a relação do trabalhador com sua própria atividade humana como algo

---
33. MARX, K. "Manuscritos econômicos e filosóficos". In: FROMM, Erich. *Conceito marxista do homem*. p. 93.
34. Idem, p. 93.

estranho e não pertencente a ele mesmo, atividade de sofrimento (passividade), vigor como impotência, criação como emasculação, a energia física e mental *pessoal* do trabalhador, sua vida pessoal (pois o que é a vida se não atividade?) como atividade voltada contra ele mesmo, independente dele e não pertencente a ele. Isso é auto-alienação".[35]

Partindo dessas duas características do trabalho alienado, Karl Marx infere uma terceira, a vida alienada. O trabalho alienado também aliena o homem da sua espécie. Transforma a vida da espécie em uma forma de vida individual. Em primeiro lugar, ele aliena a vida da espécie e a vida individual, e posteriormente transforma a vida individual como uma abstração em finalidade da vida da espécie, também em sua forma abstrata e alienada. Pois, trabalho, *atividade vital, vida produtiva* agora aparecem ao homem apenas como *meios* para a satisfação de uma necessidade, a de manter sua existência. A vida produtiva, contudo, é vida da espécie. No tipo de atividade vital reside todo o caráter de uma espécie, seu caráter como espécie; e a atividade livre, consciente, é o caráter como espécie dos seres humanos. Mas, do mesmo modo como o trabalho alienado transforma a atividade livre e dirigida do homem em um meio de subsistência, transforma a vida do homem como membro da espécie em um meio de existência física. Então, o trabalho alienado converte a vida-espécie do homem, e também como propriedade mental da espécie dele, em ente estranho e em um meio para sua existência individual. Ele aliena o homem da natureza (do mundo exterior sensorial, isto é, o material em que se concretiza o trabalho, em que este atua, com o qual e por meio do qual ele produz coisas), de sua vida mental e humana. Uma conseqüência direta da alienação do homem com relação ao produto do seu trabalho, à sua atividade vital e à sua vida espécie é que o homem é alienado por outros homens. Quando o homem se defronta consigo mesmo, também está defrontando com outros homens. O que é verdadeiro quanto à relação do homem com o seu trabalho, com o produto do seu trabalho, também é verdadeiro quanto à sua relação com outros homens, com o trabalho deles e com os objetos desse trabalho.[36]

Se o trabalhador está relacionado com o produto do seu trabalho, como um objeto estranho, hostil, poderoso, independente e que

---

35. Idem, p. 94.
36. Idem, p. 91, 95 a 97.

não lhe pertence é porque o trabalho e o produto do trabalho pertencem a outro homem. E se a atividade do homem não é livre é porque está a serviço e sob a coerção e domínio de outro homem.

6. A NÃO NEUTRALIDADE DAS RELAÇÕES PÚBLICAS

O que faz com que as pessoas consintam com esse modo de vida? Na verdade a auto-alienação favorece a impregnação de uma concepção ideológica e as pessoas são submetidas à fetichização que perpassa toda a vida social. Existe o fetiche da mercadoria, das relações sociais, do Estado e outros. A fetichização é uma das manifestações da ideologia, uma vez que esta é um "sistema ordenado de idéias ou representações e das normas e regras como algo separado e independente das condições materiais".[37] Ou seja, teóricos, ideólogos ou intelectuais ideologizam sobre o real já que suas idéias não correspondem ao real. O real é contraditório. A contradição fundamental está entre a socialização da produção e apropriação privada do produto do trabalho. As Relações Públicas manifestam a ideologia burguesa ao se proporem promover a "compreensão mútua" entre desiguais como se os interesses em jogo fossem idênticos, como se estivessem a serviço do interesse comum.

A suposta neutralidade das Relações Públicas que aparece nos debates em cursos, congressos e em alguns escritos é uma manifestação fantasmagórica. Na prática a neutralidade não acontece. Quando se estabelece a comunicação descendente e ascendente entre empresários e trabalhadores, por exemplo, objetiva-se captar problemas, conflitos e tendências dos trabalhadores para que o capital se antecipe em respostas que conciliem interesses ou esvaziem, desvirtuem ou eliminem possível movimento de organização dos trabalhadores. Também na literatura de Relações Públicas, em seu conjunto, a neutralidade não as caracteriza. Vejamos, por exemplo, Bertrand R. Canfield: "A filosofia e as técnicas de RP são utilizadas por administradores progressistas para obter e manter o proveito máximo dos seus recursos humanos".[38] Ou C. Teobaldo de S. Andrade: "a atividade de Relações Públicas consiste na execução de uma política e um programa de ação que objetivam conseguir a

---

37. CHAUÍ, Marilena de S. *O que é a ideologia*. p. 65.
38. *Relações públicas*. v. 1, p. 9.

confiança para as empresas, públicas ou privadas, de seus públicos, de molde a harmonizar os interesses em conflito. Para isto, não se deve tentar estabelecer meras falácias (imagens), mas, através de conceitos e idéias, alcançar, honestamente, atitudes e opiniões favoráveis, para as organizações em geral".[39]

Quando se fala em "obter e manter o proveito máximo dos seus recursos humanos"[40] está se tocando na questão da mais-valia. Quando se fala em "harmonizar os interesses em conflito [e em] alcançar atitudes e opiniões favoráveis para as organizações em geral"[41] está se tocando na questão de classe social e das condições favoráveis à reprodução do capital.

E, ainda, Lucien Matrat e Alec Carin atentam que "muitos fatores condicionam o acréscimo da produtividade. (...) Mas não basta que o homem tenha ao seu alcance recursos naturais; não basta ter à sua disposição o material mais aperfeiçoado; não basta que lhe tenham ensinado os métodos mais racionais de trabalho: é ainda necessário que ele próprio deseje utilizar eficazmente os recursos, o material e os métodos; e esse estado de espírito não se desenvolve sem um certo ambiente de eqüidade, de honestidade, de confiança e de relações cordiais. Criar esse clima favorável e preservá-lo é precisamente uma das finalidades das Relações Públicas".[42] Portanto, estes autores ressaltam que as Relações Públicas estão ligadas à questão da mais-valia relativa e à questão das condições necessárias para a acumulação capitalista.

Estas colocações não escondem que as Relações Públicas expressam o capital. E capital é dinheiro que se recria através da mais-valia. E o segredo da mais-valia é, em suma, a diferença entre o valor da força de trabalho que o trabalhador recebe em forma de salário e o valor que ele produz. Isso porque os valores adquiridos pelo capitalista na compra de matéria-prima, edifícios, máquinas, combustível, etc., são transferidos gradativamente ao produto final sem alteração, enquanto a força de trabalho que por último se ocupa da mercadoria incorpora novo valor. Ela reproduz o próprio equivalente e proporciona um excedente. Está aí a fonte de lucro do capitalista.

---

39. *Psico-sociologia das relações públicas.* p. 100.
40. Ver nota 38.
41. Ver nota 39.
42. *Relações públicas — motor da produtividade.* p. 14.

7. CLASSES SOCIAIS FUNDAMENTAIS DO CAPITALISMO

O processo de circulação do capital implica que o capitalista com sua reserva de dinheiro adquira mercadorias para vender novamente com lucro. A fórmula geral do capital é dinheiro que se transforma em mercadoria para se transformar em mais dinheiro. Então o capitalista se prepara para a produção, mas para produzir realmente "tem que conseguir trabalhadores e colocá-los em atividade. O capitalista, portanto, compra matéria-prima, contrata a força de trabalho, aluga (ou compra) uma fábrica e máquinas — em suma, transforma seu dinheiro em várias mercadorias (D — M) que não pretende simplesmente vender (como faziam os mercadores), mas usar no processo produtivo. Coloca os trabalhadores em atividade na fábrica usando máquinas para modelar e remodelar as matérias-primas. No fim, as mercadorias com que começou foram transformadas em mercadorias diferentes. O processo de produção foi realizado e concluído. As novas mercadorias assim produzidas são vendidas e o capitalista (...) terá muito mais dinheiro do que no início".[48] Esse movimento pode ser expresso assim: D — M — P — nova M — D'. (Ou seja, dinheiro — mercadorias — processo de produção — novas mercadorias criadas pelo processo de produção — mais dinheiro.)

Toda essa operação resultou em D — D', dinheiro que gerou mais dinheiro. Isso é o capital, capital é valor que se recria, é dinheiro que se valoriza. Ou, como vimos anteriormente, esse movimento resulta da mais-valia, valor que o trabalhador produz além do valor que é pago por sua força de trabalho, apropriado privadamente pelo capitalista.

Desse modo, a transformação do dinheiro em capital implica valor excedente, mais-valia. Umas das características fundamentais do processo de produção no qual é possível a apropriação de um valor excedente está imbricada nas relações sociais de produção. Num momento da história em que se deparam dois diferentes proprietários de mercadorias — proprietários de meios de produção e proprietários da própria força de trabalho — isso se concretiza. Os proprietários da força de trabalho são trabalhadores livres. "Livre nos dois sentidos, o de dispor como pessoa livre de sua força

---

43. EATON, John. *Manual de economia política*. p. 76.

de trabalho como sua mercadoria, e o de estar livre, inteiramente despojado de todas as coisas necessárias à materialização de sua força de trabalho, não tendo além desta outra mercadoria para vender."[44] Esse processo é desencadeado pela acumulação de muito dinheiro por poucos e a expropriação de meios de produção de muitos, transformando-os em trabalhadores livres. Karl Marx, no capítulo XXIV de *O capital*, mostra a brutalidade de como se dá a acumulação primitiva e a formação do trabalhador livre. Logo no início do capítulo ele diz: "O processo que cria o sistema capitalista consiste apenas no processo que retira ao trabalhador a propriedade de seus meios de trabalho, um processo que transforma em capital os meios sociais de subsistência e os de produção e converte em assalariados os produtores diretos. (...) Um dos aspectos desse movimento histórico que transformou os produtores em assalariados é a libertação da servidão e da coerção corporativa. (...) Os que se emanciparam só se tornaram vendedores de si mesmos depois que lhes roubaram todos os seus meios de produção e os privaram de todas as garantias que as velhas instituições feudais asseguravam à sua existência. E a história da expropriação que sofreram foi escrita a sangue e fogo nos anais da humanidade".[45]

E, assim, "a natureza não produz, de um lado, possuidores de dinheiro ou de mercadorias, e, do outro, meros possuidores das próprias forças de trabalho. Esta relação não tem sua origem na natureza, nem é mesmo uma relação social que fosse comum a todos os períodos históricos. Ela é evidentemente o resultado de um desenvolvimento histórico anterior, o produto de muitas revoluções econômicas, do desaparecimento de toda uma série de antigas formações da produção social".[46]

Então, "só aparece o capital quando o possuidor de meios de produção e de subsistência encontra o trabalhador livre no mercado vendendo sua força de trabalho, e esta única condição histórica determina um período da história da humanidade".[47] É também nesse momento que surgem as classes sociais do capitalismo, uma vez que a desigualdade marca suas relações.

---

44. MARX, K. *O capital*. l. 1, v. 1, p. 189.
45. MARX, K. *O capital*. l. 1, v. 2, p. 830.
46. MARX, K. *O capital*. l. 1, v. 1, p. 189.
47. Idem, p. 190.

V. I. Lenin define classes sociais como "grandes grupos de homens que se distinguem pelo lugar que ocupam num sistema historicamente definido de produção social, por sua relação (na maioria das vezes fixada e consagrada pela lei) com os meios de produção, por seu papel na organização social do trabalho e, conseqüentemente, pelos meios que têm para obter a parte da riqueza social de que dispõem e o tamanho desta. As classes são grupos de homens, dos quais um pode apropriar-se do trabalho de outro, em virtude da posição diferente que ocupam num regime determinado da economia social".[48] Essas classes no modo de produção capitalista são a burguesia — que detém a propriedade privada dos meios de produção — e os trabalhadores livres, agora o proletariado — que detém a propriedade de sua própria força de trabalho. Enquanto a burguesia compra e explora o valor da força de trabalho em benefício do aumento do capital, o proletariado vende sua força de trabalho para satisfazer suas necessidades incluída sua reprodução. Ou seja, para poder comer, morar, se vestir, locomover e se reproduzir procriando filhos para dar continuidade à produção de novas mercadorias. Tanto é assim que "o valor da força de trabalho reduz-se ao valor de uma soma determinada de meios de subsistência".[49]

As relações sociais de produção entre a burguesia e o proletariado, as classes fundamentais do modo de produção capitalista, são antagônicas. A base do antagonismo está na contradição interna das próprias relações entre elas, permitindo que a mais-valia produzida pelos trabalhadores seja apropriada privadamente pela burguesia. As classes fazem parte de um mesmo sistema de classes. Só existem em relação uma com as outras. Estão determinadas pelas relações sociais de produção. As relações sociais de produção que permitem, segundo a formulação de Lenin, que uma classe se aproprie do valor produzido por outra, determinam que os interesses objetivos das classes são antagônicos. Assim, enquanto poucos detêm a riqueza, o poder econômico e domínio político, grande massa de trabalhadores são confinados a preservarem-se como vendedores de sua força de trabalho. Isso porque se a força de trabalho, mercadoria que cria valor, deixar de existir, o capital não se reproduz uma vez que depende do trabalho não pago. "O processo vital do capital con-

---
48. Citado por STAVENHAGEN, Rodolfo. "Estratificação social e estrutura de classes". In: VELHO, Otávio G. et alii (org.). *Estrutura de classes e estratificação social*. p. 150.
49. MARX, K. *O capital*. l. 1, v. 1, p. 192.

siste apenas em mover-se como valor que se expande continuamente."[50] Assim, como diz Rodolfo Stavenhagen, essas classes são também "complementares, porque constituem parte integrante do funcionamento do sistema".[51] Ou seja, a existência da burguesia depende da existência do proletariado. Só que, enquanto o proletariado está submetido à burguesia ao vender a sua força de trabalho em troca de um salário para poder sobreviver, a burguesia depende do proletariado para produzir um excedente do qual depende sua reprodução.

As classes antagônicas são classes dominantes e classes dominadas e suas relações são de dominação-subordinação. Como são as relações econômicas que, em última instância, organizam e qualificam a totalidade social, a dominação de uma das classes fundamentais, a burguesia, sobre o proletariado e demais camadas subordinadas, perpassa a ordem econômica, social, cultural e política.

As classes "não apenas constituem elementos estruturais da sociedade, como também, acima de tudo, agrupamentos de interesses político-econômicos particulares, os quais, em circunstâncias históricas específicas, adquirem consciência de si mesmos e desses interesses, e tendem a organizar-se para a ação política com o objetivo de conquistar o poder do Estado".[52]

8. RELAÇÕES PÚBLICAS NAS RELAÇÕES ENTRE AS CLASSES SOCIAIS

É neste contexto que as Relações Públicas são utilizadas pela burguesia. E neste contexto, se no particular elas se colocam a serviço de uma pessoa, de uma instituição ou de um governo, no global estão a serviço de uma classe, da classe que detém a propriedade privada dos meios de produção.

Uma dimensão das Relações Públicas a serviço de uma classe está patente na sua predisposição de "formar públicos". À primeira vista a proposição "formar públicos" tem aparência de autenticidade, uma vez que se propõe o levantamento de controvérsia, informações

---
50. Idem, p. 355.
51. "Estratificação social e estrutura de classes". In: VELHO, Otávio G. et alii (org.). *Estrutura de classes e estratificação social.* p. 153.
52. STAVENHAGEN, R. Idem, p. 154.

abundantes e debates para se chegar à base da razão do interesse comum. Mas, se atentarmos para o fato de que as Relações Públicas se propõem a "formar públicos" no seu propósito de estabelecer e manter a "compreensão mútua" entre desiguais, se tornam um instrumento de manipulação e de reforço da alienação do trabalho, porque: "Como instrumento para a formação do público, as Relações Públicas visam esclarecer e reajustar as pessoas ou grupos organizados de pessoas e integrá-los na realidade social, a fim de que possam eles, racionalmente, determinar o interesse público e identificá-lo com o interesse privado, isento de imagens e preconceitos".[53] Portanto, a possível controvérsia que se possa favorecer não atingirá a base estrutural da exploração capitalista. De antemão as Relações Públicas se propõem a fazer com que o interesse público se identifique com o interesse privado. Desse modo, a busca da "compreensão mútua" significa condicionar os públicos e a sociedade aos interesses de uma classe. Isso é real porque cabe "aos profissionais de Relações Públicas as atribuições e responsabilidades de pressentir as tendências sociais, de manter a administração das organizações corretamente atualizadas com a época em que vivemos, de assessorar, inteligente e permanentemente, os dirigentes da empresa. Em última análise, de conseguir integrar as organizações no justo lugar nas sociedades, dando-lhes o papel atuante de membro efetivo e útil da coletividade onde se realizam, através de um genuíno processo educativo".[54]

Em suma, busca-se conhecer as tendências sociais a fim de antecipar os acontecimentos aproximando-os aos objetivos da empresa ou da classe dominante. Daí que uma das funções oficiais das Relações Públicas é a pesquisa, como vimos no segundo capítulo. No fundo importa saber o que é útil ou prejudicial, conveniente ou inconveniente para o capital. O saber do profissional de Relações Públicas torna-se um saber comprometido com as intenções de acumulação do capital. Daí a importância dada por Relações Públicas ao contato pessoal: "Quando desejamos saber o que [os empregados] pensam ou o que sentem sobre a organização, a melhor forma de obter uma resposta sincera e autêntica ainda é o contato pessoal. É preciso granjear a confiança das pessoas, sem o que

---
53. ANDRADE, C. Teobaldo de S. *Psico-sociologia das relações públicas.* p. 110.
54. Idem, p. 107.

responderão de forma impessoal e muitas vezes não sincera, temendo verem-se prejudicadas pela direção, se os fatos e respostas forem divulgados. (...) Como o processo de relações públicas é contínuo e permanente dentro da organização, quase como uma religião que se adota, estes contatos pessoais devem ser sempre mantidos, alimentados e fortalecidos para que o profissional [de Relações Públicas] possa estar a par do que acontece ao seu redor".[55] Daí também o estabelecimento de canais ascendentes de comunicação como, por exemplo, o sistema de representação dos empregados instituído pela Volkswagen do Brasil S/A. A referida empresa instituiu em 1980 o "Sistema de Representação dos Empregados" considerando que:

> "há interesses comuns dos empregados e da empresa que podem ser mais bem equacionados se encaminhados conjuntamente;
>
> "o diálogo permanente e construtivo aumenta a confiança recíproca, desenvolve o respeito mútuo e, conseqüentemente, promove a integração e a harmonia no ambiente de trabalho;
>
> "a eficácia e a rapidez das decisões são alcançadas mais facilmente quando a solução dos problemas é buscada no ponto mais próximo de sua ocorrência;
>
> "a comunicação entre administração e colaboradores é melhorada quando conta com a contribuição de interlocutores representativos".[56]

A empresa adotou o critério de proporcionalidade no número de representantes dos empregados por fábrica, compondo-se de horistas sindicalizados, horistas não sindicalizados e mensalistas. Os candidatos a representantes dos empregados na data da eleição tinham que ser empregados da companhia por período superior a cinco anos. O interessante é que a instituição desse programa se concretiza em setembro de 1980, portanto após os 41 (quarenta e um) dias de luta, cuja greve foi deflagrada em 30 de março pelos operários metalúrgicos, depois da qual muitos líderes foram demitidos de seus empregos.

Os representantes dos empregados, eleitos por voto direto dos trabalhadores da empresa, têm "a atribuição de cooperar na coorde-

---

55. D'AZEVEDO, Martha A. *Relações públicas — teoria e processo.* p. 46 e 47.
56 *FOLHA DE SÃO PAULO.* Volks anuncia o sistema de repre- São Paulo, 11 setembro 1980, p. 19.

nação do relacionamento entre a companhia e seus empregados".[57] Com este objetivo cabe-lhes:

"tomar conhecimento de problemas ou dificuldades com o trabalho em sua área eleitoral; e

"encaminhá-los diretamente ao setor responsável pela solução (...) comunicá-los à companhia, juntando as informações pertinentes e sugestões cabíveis;

"fornecer, por iniciativa própria ou mediante solicitação, à companhia e a seus representados informações relacionadas com sua área;

"participar das reuniões dos representantes dos empregados da fábrica (...) manifestando-se sobre consultas feitas pela Diretoria da companhia ou apresentando sugestões sobre: a) sistema de benefícios a empregados; b) horários, jornadas de trabalho e suas compensações; c) normas disciplinares; d) sistema de desenvolvimento de pessoal; e) condições locais de trabalho; f) assistência médica; g) seguros coletivos; h) alimentação; i) transportes; j) segurança no trabalho; k) plano de sugestões; l) lazer; m) entidades de empregados; n) alterações desta resolução ou normas complementares a ela".[58]

Trata-se pois de um canal direto de comunicação entre os empregados e a diretoria da empresa. A empresa considera que "diálogo permanente e construtivo aumenta a confiança recíproca, desenvolve o respeito mútuo e, conseqüentemente, promove a integração e a harmonia no ambiente de trabalho".[59] Ou seja, nas relações de dependência recíproca busca-se o comprometimento harmonioso entre o explorador e o explorado para assegurar a tranqüilidade do capital.

Em suma, a crescente evolução do sindicalismo da categoria metalúrgica culminando na exigência do delegado sindical, com os trabalhadores se organizando em sindicato classista, é um problema para a empresa e para a burguesia. A empresa procura então, através do "Sistema de Representação dos Empregados", detectar problemas para tomar decisões eficientes a fim de estabelecer um clima de harmonia entre a empresa e os trabalhadores, escamoteando os antagonismos de classes. O próprio presidente da Volkswagen do Brasil S/A, Wolfgang Sauer, ao anunciar o lançamento do "Sistema de Representação dos Empregados da Volkswagen do Brasil S/A"

---

57. Idem, p. 19.
58. Idem, p. 19.
59. Idem, p. 19.

81

falou de uma "nova época de convivência entre capital e o trabalho" e que o sistema de representação iria possibilitar "um diálogo aberto para resolver os problemas de hoje e do futuro, fundamental para a 'sobrevivência das empresas'".[60]

Vejamos a reação de Luís Inácio da Silva, Lula, presidente destituído do Sindicato dos Metalúrgicos de São Bernardo do Campo e Diadema, em São Paulo: "Se a moda pega, as empresas criarão um sindicalismo paralelo, num total desrespeito aos trabalhadores. (...) Se a Volkswagen tivesse vontade de colaborar com os trabalhadores, poderia ter aceito o delegado sindical, que é uma velha aspiração de todos".[61]

A instituição do delegado sindical significa que um trabalhador de cada empresa seria a ponte de ligação entre seus companheiros e o sindicato, bem como entre o sindicato e os trabalhadores daquela empresa. Seria um canal direto de comunicação recíproca entre os trabalhadores e o sindicato e as reivindicações seriam encaminhadas através do sindicato. No entanto, a Volkswagen instituiu o "Sistema de Representação dos Empregados", cujos representantes dos empregados eleitos têm a função de encaminhar diretamente à diretoria da empresa problemas e reivindicações dos companheiros. Se por um lado isso é positivo porque as reivindicações chegam rápida e diretamente à direção, por outro lado pode desnortear ou adiar o processo de conscientização e organização dos trabalhadores.

Porém a manifestação do capital não poderia ser diferente. Já dizia Karl Marx que, "pondo de lado motivos de índole nobre, o interesse mais egoísta impõe às classes dominantes que eliminem todos os obstáculos legalmente removíveis, que estorvam o progresso da classe trabalhadora".[62]

Examinemos outras manifestações das Relações Públicas no âmbito empresarial. Convém salientar que nem todos os instrumentos de Relações Públicas que aqui analisamos são necessariamente concretizados pelo setor de Relações Públicas nas diferentes empresas por uma questão de distribuição de tarefas ou de nomenclatura de setores, mas para nós dizem respeito às Relações Públicas.

---

60. *FOLHA DE SÃO PAULO.* Volks anuncia o sistema de representação. São Paulo, 11 setembro 1980, p. 19.
61. *FOLHA DE SÃO PAULO.* Volks quer sindicato paralelo, afirma Lula. São Paulo, 12 setembro 1980, p. 14.
62. *O capital.* l. 1, v. 1, p. 6.

Tomemos o *curso de integração* destinado aos trabalhadores ao serem admitidos. Reúne-se numa sala especial um grupo de novos trabalhadores. A proposta é integrá-los à empresa. Em geral, o profissional de Relações Públicas ou outros que ocupam cargos de direção, através de palestras, mostram a política da empresa, como ela está organizada hierarquicamente e quem ocupa os cargos diretivos, quais os produtos que ali são produzidos, os benefícios que a empresa oferece na área de saúde, educação, lazer, e assim por diante. Normalmente o trabalhador recebe também um "manual de integração", "regulamento interno" ou "manual do empregado" contendo explicações sobre o sistema de benefícios e como utilizá-los, informações referentes a férias, repouso, demissões de acordo com a CLT, e, como não poderia deixar de ser, as informações são bem trabalhadas para que ressaltem as "virtudes" da empresa ou até da propriedade privada, ao que chamam de "livre iniciativa" ou "livre empresa". Ao mesmo tempo em que este tipo de curso e de material têm um valor informativo e inspira satisfação aos trabalhadores, carrega um caráter repressivo que amedronta o novo trabalhador que precisa do emprego, induzindo-o a respeitar as normas e a aderir à política da empresa. Procura-se incutir a responsabilidade de cada trabalhador no funcionamento da empresa e inspirar-lhe um sentimento de orgulho por trabalhar naquela empresa. Em algumas empresas lança-se o lema da "grande família", onde todos os empregados formam a família tal (nome da empresa). Vamos descrever uma experiência pessoal: participamos de um "curso de integração" quando vendemos nossa força de trabalho para uma empresa multinacional e saímos do curso com a convicção de que: aquela era a melhor empresa para se trabalhar, deveríamos cumprir as suas normas e dedicarmo-nos cada vez mais ao trabalho, cooperar com os colegas, porque assim seríamos promovidos a ocupar cargos mais elevados, que o nosso trabalho era muito importante para a empresa como um todo, portanto deveríamos realizá-lo sempre pensando nos interesses da empresa, que não deveríamos trazer problemas pessoais para dentro do ambiente de trabalho e que através do nosso trabalho e em qualquer contato com pessoas que procurassem a empresa deveríamos representá-la da melhor maneira possível. Contribuiu para a formação deste último aspecto a exibição de um audiovisual que dizia "o Relações Públicas é você"!

Assim, pretende-se incutir uma profunda submissão do trabalhador, por medo ou consenso aliados à vontade pessoal de progredir, aos ditames da empresa. Em geral, ao término do curso, os novos trabalhadores são conduzidos às instalações da fábrica para conhecerem os processos setoriais de trabalho, bem como são fotografados para a publicação no jornal da empresa.

Os *jornais de empresas,* também chamados de "house-organs", podem ter a forma tablóide, de revistas, etc. São publicações internas das empresas distribuídas gratuitamente "que têm a finalidade de integrar melhor a Comunidade de Trabalho, através do noticiário de todas as atividades da empresa de interesse dos seus próprios empregados e do noticiário sobre esses empregados de interesse para a empresa".[63] Ou, como diz Bertrand R. Canfield, "contribuem para as boas comunicações entre a administração e os empregados, graças a informações proporcionadas a estes sobre políticas, melhoramento de produtos e operações diversas, assim como mediante a interpretação destas questões, de modo a fazê-las facilmente compreendidas. As publicações internas também combatem críticas injustificadas, rumores e informações relativas às atividades dos empregados, relativas às personalidades, aos programas de segurança no trabalho e ao sistema de livre empresa, desta forma promovendo a lealdade e a cooperação dos empregados".[64]

No *Notícias Villares,* jornal interno do Grupo Villares, o destaque é a mudança da razão social de uma das empresas do grupo dando informações sobre a data de sua criação, o seu porte e reestruturação numa das linhas de produção. Sob a chamada "No dia do Assistente Social, a nossa homenagem", o jornal publica três entrevistas com profissionais da área; dá informações sobre o "Concurso Desafio de Segurança" que pretende minimizar os índices de acidentes de trabalho numa das empresas, ao mesmo tempo em que incentiva a participação; dá notícias sobre o "II Campeonato Interno de Futebol de Campo"; fala de um jogo entre a Portuguesa e o Corinthians; noticia a realização do "Curso de Enfermagem no Lar" destinado às esposas dos trabalhadores; entrevista um trabalhador de 35 (trinta e cinco) anos de casa onde no final se lê: "é um exemplo a ser seguido por todos nós, seus colegas da Villares".[65] O jornal publica também matéria sobre Mazzaroppi, dá "dicas" sobre livros, discos e sugestões para as férias, receitas de cozinha, etc.

---

63. PENTEADO, J. R. Whitaker. *Relações públicas nas empresas modernas.* p. 89.
64. *Relações públicas.* v. 1, p. 102 e 103.
65. N.º 125, junho de 1981.

O *Informativo,* publicação da CTBC — Companhia Telefônica da Borda do Campo — publica com destaque uma entrevista com o seu presidente cuja chamada é "Precisamos aumentar a produtividade, para compensar a escassez de recursos"; fala dos serviços prestados pela TELESP — Telecomunicações de São Paulo — quando da visita do Papa João Paulo II ao Brasil; publica reportagem sobre a olimpíada interna da CTBC; mostra novo equipamento de transmissão de dados; entrevista telefonistas da companhia e aponta seus bons serviços, e outras matérias.[66]

Como podemos ver, na prática os jornais de empresas não se distanciam das proposições em nível teórico. Podemos perceber, principalmente no *Notícias Villares,* a grande preocupação do jornal em ocupar a maior parte do espaço com notícias que dizem respeito mais diretamente a seus empregados. Porém, nos jornais de empresas em geral, a ênfase é com notícias no campo do entretenimento, cursos e eventos festivos oferecidos pela empresa aos empregados e a suas famílias, o enaltecimento de profissionais exemplares às vezes fotografados ao lado de algum diretor da empresa, mas não se noticiam problemas fundamentais que afetam os trabalhadores. Desse modo os jornais de empresas são veículos que interessam sobremaneira às empresas e à classe dominante, ao mesmo tempo em que são um anestésico para a classe trabalhadora. Como diz Jomar J. Costa Morais, "os jornais de empresa, tal como são feitos no Brasil atualmente, funcionam como um freio à discussão, à consciência crítica, à ação da inteligência".[67]

Estes jornais são aceitos pelos trabalhadores. Foi o que demonstrou a pesquisa junto a operárias realizada por Ecléa Bosi em 1970. Através da pesquisa a autora constatou que o jornal "mais lido habitualmente é o da fábrica, gratuitamente distribuído no local de trabalho".[68] Apesar de que "a operária se sente atraída pela secção de poesias, de pensamentos e máximas, de conselhos para o lar",[69] a pesquisa revelou que entre as causas da não leitura de outros jornais estão a "falta de tempo, falta de dinheiro".[70] Assim, a distribuição gratuita do jornal de empresa lhe assegura a penetração.

---

66. N.º 51, julho de 1980.
67. O outro lado dos jornais de empresa. *Revista Comunicação e Sociedade.* n.º 4, p. 28.
68. *Cultura de massa e cultura popular — leituras de operárias.* p. 136.
69. Idem, p. 136.
70. Idem, p. 135.

Outro instrumento de Relações Públicas são os *concursos*. Aí estão, por exemplo, o concurso de segurança no trabalho, de frases comemorativas a algum acontecimento na empresa, de fotografias, de operário-padrão, de miss alguma coisa, de redução do consumo de energia e muitos outros. O jornal *Informativo,* número 50, dedica uma página inteira ao "Concurso Miss Telefonista" que a TELESP realiza anualmente. Sob a chamada "A beleza das telefonistas na passarela, numa festa que juntou TELESP e CTBC", além de fotografias características, o texto diz: "Ser Miss lembra desfile, luzes, brilho, aplausos, emoções, enfim uma festa em homenagem à beleza e à harmonia das formas com o conteúdo de uma mulher. Para muitas, essa idéia pode ser um sonho, para outras uma perspectiva, para poucas uma oportunidade e apenas para algumas uma realidade. Mas, para as duas telefonistas que representaram a CTBC no Concurso Miss Telefonista, (...) o mais importante foi representar a Empresa em que trabalham".[71] Está claro que para a empresa importa a festa para seus empregados, importa ser notícia, importa promover acontecimentos que envolvam cada vez mais os seus empregados com a empresa desviando-os de problemas que afligem a classe trabalhadora, importa que seus empregados não pensem em si mesmos e sim na empresa, ou que pensem em si mesmos mas envolvidos no espírito de que a empresa é quem proporciona condições à sua realização pessoal, etc. As duas telefonistas eleitas demonstram estar bastante envolvidas com o espírito da empresa. Uma delas diz que o "ambiente de trabalho é ótimo, gosto de atender os assinantes e sinto bem quando completo uma ligação, que sei que é importante para eles" e a outra diz que o concurso foi muito importante pois "sentiu-se privilegiada por representar uma Empresa do porte da CTBC e também por ter oportunidade de fazer novas amizades com colegas de trabalho".[72]

Em geral, os vencedores de concursos são agraciados com prêmios em dinheiro, em objetos ou de outros tipos.

O concurso "operário-padrão" é sumamente interessante. Vamos analisá-lo mais adiante; agora queremos registrar apenas as palavras do operário-padrão 81 eleito na Villares: "Estou contente por ter sido escolhido operário-padrão da minha empresa. Uma satisfação pessoal face à opinião dos meus colegas. Este tipo de

---

71. Junho de 1980, p. 5.
72. *INFORMATIVO.* Idem, p. 5.

concurso é muito importante, já que incentiva o bom relacionamento e promove o operário perante as outras empresas".[73]

Esse trabalhador que é um explorado refere-se à empresa como sendo dele. A identificação trabalhador-empresa certamente foi um dos parâmetros para a sua eleição como operário-padrão porque operário-padrão para a burguesia é aquele condicionado a confundir os seus interesses com os interesses da empresa e da classe dominante.

Com objetivos específicos imediatos, cada concurso, em sentido geral, visa distrair os trabalhadores desviando as atenções das contradições sociais.

Nesta transcrição, o trabalhador tocou na questão de *status*, anteriormente uma das telefonistas falou em amizade com colegas. A empresa joga com isso, por um lado para satisfazer um orgulho natural da pessoa humana, o de sentir-se valorizada, e, por outro lado, para aproveitar da amizade entre os empregados. A amizade pessoal além de contribuir para formar um ambiente de trabalho mais agradável, o que favorece o comprometimento, cria condições para que os trabalhadores cooperem mais facilmente entre si. Além das vantagens da cooperação já vistas, nos escritórios das empresas acontece freqüentemente que um trabalhador "quebra o galho" do outro indo além de normas burocráticas, o que adianta a concretização de uma tarefa em favor do capital. Porém, a amizade pessoal é controlada. Aqueles trabalhadores que têm acesso à folha de pagamento, ao faturamento da empresa, saldos bancários, listas de preços de produtos e outros dados que são taxados de confidenciais têm que conservá-los sigilosamente. O trabalhador também não pode dizer quanto recebe em salário, nem marcar o ponto para seu colega: "todo empregado deverá marcar o seu próprio ponto, sendo expressamente proibido fazê-lo para outro".[74]

Passemos a examinar as *visitas à fábrica* como atividade de Relações Públicas. Este é um programa muito utilizado pelas empresas. Em geral trata-se de programas em que as famílias dos trabalhadores, grupos de estudantes ou moradores do local onde a empresa está instalada são convidados a visitar as instalações e pro-

---
73. *NOTÍCIAS VILLARES.* n.º 125, p. 21.
74. REGULAMENTO INTERNO. Companhia Telefônica Borda do Campo. Cap. III, Art. 10º, § 3º, p. 7.

cessos de produção da empresa. Comumente consta de um programa de visitas: palestras sobre a empresa, sua política e seus produtos; projeção de filmes ou audiovisuais; oferecimento de almoço ou lanches; distribuição de material informativo, amostras de produtos e brindes, além da visita aos setores da empresa quando uma ou mais pessoas acompanham os visitantes explicando processos de trabalho e políticas da companhia.

Este tipo de programa tem grande potencial persuasivo. Bertrand R. Canfield o recomenda porque "os empregados sentem-se orgulhosos em mostrar às suas famílias a parte que desempenham na produção da firma, e nessas visitas os supervisores e chefes de departamento têm oportunidade de conhecer pessoalmente a família dos empregados".[75] Nas palavras de J. R. Whitaker Penteado: "diversas motivações humanas de prestígio recomendam a utilização dessas visitas. (...) As crianças sempre gostam de 'ver onde o papá trabalha', e as esposas comprazem-se em verificar a importância das funções que os maridos exercem".[76]

A Volkswagen Caminhões, por exemplo, realiza um programa de visita para estudantes intitulado "Meu Pai, Meu Herói". Em certa altura da programação o pai de um dos estudantes comparece à sala onde estão reunidos e explica o seu trabalho na empresa. Quando da visita às instalações, ao chegarem num determinado setor no qual o pai de algum deles trabalha, esse pai é quem explica o processo de trabalho daquele setor.

Quais seriam os objetivos das empresas ao promoverem programas de visitas? Não acreditamos que sejam a satisfação de necessidades humanas de prestígio de seus empregados, divulgar a empresa e produtos e promover a integração do público à empresa simplesmente. A busca da integração, do envolvimento do público interno à empresa, tão propalado pelas Relações Públicas, tem um sentido profundo. Visa estimular o trabalhador a dedicar-se mais ao trabalho, por motivação pessoal e pelo estímulo de sua família; de serem, o trabalhador e sua família, divulgadores dos produtos e da empresa; de respeitarem as normas e enaltecerem a empresa pelos benefícios que ela proporciona. E mais, visa a reprodução da força de trabalho.

---

75. *Relações públicas.* v. 1, p. 100.
76. *Relações públicas nas empresas modernas.* p. 181.

Se "a soma dos meios de subsistência necessários à produção da força de trabalho inclui também os meios de subsistência dos substitutos dos trabalhadores, os seus filhos, de modo que se perpetue no mercado essa raça peculiar de possuidores de mercadorias",[77] porque a força de trabalho tem que ser substituída seja por desgaste ou morte, trata-se de assegurar a existência da "raça" de trabalhadores potencialmente pré-disposta a vender sua força de trabalho. Assim, as Relações Públicas são um dos instrumentos que se utiliza para envolver os trabalhadores e suas famílias a fim de garantir a produção e reprodução da força de trabalho. Dizendo em outras palavras, a busca da integração entre toda a família do trabalhador e a empresa no fundo tem também o objetivo de assegurar o convívio harmonioso entre capital e trabalho estimulando o respeito à empresa que, por conseqüência, potencia o respeito à propriedade privada. É pois uma forma de aumentar o comprometimento, a cumplicidade entre classes antagônicas assegurando as condições favoráveis à acumulação.

Além do programa de visitas, outros como *excursões, festas* e *cursos* se inserem nesta problemática. Excursões para empregados e suas famílias a lugares pitorescos; festas de Natal, festa no dia das mães, festa junina, festa dançante, etc.; cursos de enfermagem no lar, orientação para gestantes, corte e costura, etc.

As excursões e festas favorecem o contato não oficial estimulando o entrosamento entre subordinados, chefes e suas famílias e os mantêm sintonizados à empresa. Na Villares foi comemorado o dia das mães em maio deste ano: "realizou-se no dia 8 de maio o almoço em homenagem ao dia das mães. As rosas vermelhas, a alegria e o papo descontraído marcaram de novo a sua presença nesta data. (...) A comemoração transcorreu num clima de grande cordialidade e entusiasmo".[78] O *Notícias Villares* noticia também a realização de um "Curso de Enfermagem do Lar" para as esposas dos seus trabalhadores: "o treinamento desenvolveu-se, inicialmente, no Anfiteatro da fábrica e proporcionou às participantes um melhor contato com a empresa, com destaque aos seus produtos e aos benefícios oferecidos a todos os membros da família. Além disso, deu-se ênfase à necessidade de segurança, seja no lar, seja no trabalho, e se procurou estimular um maior entrosamento entre as famílias dos

---

77. MARX, K. *O capital*. l. 1, v. 1, p. 192.
78. *NOTÍCIAS VILLARES*. n.º 125, p. 29.

funcionários".[79] Sem desconsiderar a utilidade desse tipo de curso para uma família, o seu alcance se insere na problemática do envolvimento já colocada. Por outro lado, falou-se que foi dada "ênfase à necessidade de segurança seja no lar, seja no trabalho".[80] Esta é uma indicação de que a empresa, visando a segurança do trabalho, estende a proposta de segurança até a família do trabalhador como forma de despistar o seu objetivo primeiro.

É sugestiva também a comemoração do dia do trabalho pelas empresas Villares: "Todos puderam se divertir à vontade. Para os filhos de funcionários, houve pintura e diversos jogos e competições, como Ping-Pong, Corrida do Saco, Caça à Maçã, Dança das Cadeiras e muitos outros. Os adultos jogaram futebol e concorreram a brindes".[81] Justamente em 1981 quando da movimentação dos trabalhadores em torno de manifestações genuínas da classe, no dia do trabalho empresas promovem eventos num clima de lazer. O que significa isso? Parece que se querem os trabalhadores sob controle e sempre envolvidos com a empresa porque, se se descuidar, eles podem se unir a outros para refletir os problemas da classe. Assim, as Relações Públicas se prestam também para desviar os trabalhadores de discussões de problemas e das manifestações da classe.

Algumas empresas incentivam a criação ou manutenção de grupos de teatro e coral estimulando a realização pessoal. Estes grupos fazem apresentações dentro da empresa e fora dela também, sempre levando o nome da empresa.

É bastante utilizado também o sistema de sugestões, onde as melhores são premiadas. Com a vantagem de, conforme o tipo de sugestão, a empresa oferecer um prêmio e ficar com direitos de patente sobre ela.

Até aqui analisamos alguns dos instrumentos de Relações Públicas, mas existem muitos outros: campanhas (aumentar a produtividade do trabalho, minimizar desperdícios, contra acidente no trabalho, etc.), folhetos, exposições, feiras, manutenção de bibliotecas, convênios com lojas, filmes, audiovisuais, reuniões, conferências, quadro de avisos, jornal mural, mensagens em envelope de pagamento, cartas, telefone, telegrama, rádio, jornal, equipamentos de lazer, etc.

---

79. Idem, p. 8.
80. Idem, p. 8.
81. *NOTÍCIAS VILLARES*, idem, p. 17.

Queremos nos deter um pouco mais na questão do lazer. Além da promoção de festas e excursões, algumas empresas mantêm salas de recreação, quadras de esporte ou clubes.

Joffre Dumazedier, ao analisar as relações entre o lazer e o trabalho, define lazer como "o conjunto de ocupações a que o indivíduo pode entregar-se de boa mente, já para descansar, já para se divertir, já para desenvolver a sua participação social voluntária, a sua informação ou a sua formação desinteressada, depois de haver-se libertado de todas as obrigações profissionais, familiais ou sociais".[82] Assim, Dumazedier atomiza as atividades do homem. Fragmenta a Sociologia em Sociologias, como a do Lazer. Ele desvincula o lazer do trabalho ou das relações de trabalho, apesar de em determinados momentos de sua análise fazer aproximações com alguns aspectos do universo social.

É preciso considerar que o homem é um ser de relações. O homem, a família, o trabalho, a sociedade, estão presentes no homem singular, de sorte que não é possível separar o homem de suas relações. Não é possível o homem entregar-se "de boa mente" ao lazer. Ou seja, desligar-se das marcas das relações sociais de produção, porque o homem não se compartimentaliza. "O lazer, parece-nos, deve ser sempre definido em relação (de posição e oposição) ao trabalho. Não como fato externo, mas como é vivido pelo trabalhador, como integrado na vida cotidiana e como significação para a sua consciência." [83]

A empresa ao promover o lazer para os trabalhadores, ao contrário de querer atomizá-los, pretende mantê-los a ela sintonizados também durante os espaços de tempo não diretamente destinados à produção.

Mas, no campo do lazer os objetivos das empresas não se esgotam na integração e envolvimento dos trabalhadores e suas famílias como meio de desviar suas atenções de problemas da classe trabalhadora. Objetiva-se também que os trabalhadores eliminem as tensões e recuperem sua força física recriando a disposição ao trabalho, que produzam mais, portanto. José A. Pires Gonçalves ao

---

82. "Trabalho e lazer". In: FRIEDMANN, G. & NAVILLE, P. (orgs.) c/col. de TRÉANTON, J. R. et alii. *Tratado de sociologia do trabalho.* v. 2, p. 397.
83. BOSI, Ecléa. *Cultura de massa e cultura popular — leituras de operárias.* p. 86.

considerar a necessidade do desporto na iniciativa privada afirma: "Ainda que algum dono ou gerente de empresa possa pensar que o desporto praticado nos intervalos ou em horas preestabelecidas por planejamento, vá fatigar os empregados, o efeito é comprovadamente contrário, pois ele atua como autêntica ginástica de pausa, compensando as tensões e aumentando o rendimento da organização. E o lado psicológico? (...) Os operários passariam a referir-se à equipe de futebol de 'sua fábrica', ao 'seu' ginásio".[84] Ele alerta também que "o investimento far-se-á de modo a transformar o esforço-trabalho em esforço-prazer, impulsionando com uma rentabilidade imprevisível os lucros empresariais. Trata-se, por paradoxal que possa parecer, de um investimento dos mais rentáveis. Serão carreados para as organizações o interesse e o entusiasmo pela atividade atraente, pela pacificação, que só o desporto pode canalizar e encaminhar".[85]

Além das vantagens diretas das atividades de lazer, aproveita-se o jornal interno para estimular a participação e noticiar as realizações (campeonatos, jogos, excursões, etc.) com o que se ocupa o tempo livre do trabalhador com leituras amenas ao mesmo tempo em que procura satisfazê-lo em ver sua fotografia estampada no jornal da empresa.

Pelo que vimos até aqui, as Relações Públicas se mostram como um dos meios para envolver o pensamento das pessoas num contexto altamente alienante. Mas, é preciso não desprezar o outro lado das Relações Públicas, visto que através delas a empresa pode mudar ou ajustar diretrizes e comportamentos e atender reivindicações em benefícios dos seus públicos. Assim, uma empresa que conserva em termos de limpeza e manutenção uma praça pública, que faz doações a entidades de caridade ou que elimina a poluição no bairro usando equipamentos antipoluentes, não deixa de prestar benefícios ao público "comunidade". Junto aos trabalhadores, várias manifestações têm valor. Um canal direto de comunicação ascendente é também um meio de encaminhar as reivindicações dos trabalhadores. O conhecer a empresa é importante para o posicionamento do trabalhador e pode auxiliá-lo no progresso profissional. As várias manifestações

---

84. *Subsídios para implantação de uma política nacional de desportos.* p. 38.
85. Idem, p. 38.

que procuram satisfazer o orgulho, a realização pessoal dos trabalhadores, têm o seu valor porque são necessidades do ser humano. O lazer satisfaz necessidades físicas e mentais do ser humano. Cursos, transporte especial, assistência médica e hospitalar, refeição subsidiada e cooperativa de consumo são também benefícios para o trabalhador. Tudo isso é importante, é um ganho para o trabalhador. Porém, ao mesmo tempo em que essas manifestações inspiram a respeitabilidade por parte da empresa a interesses e direitos do trabalhador, da forma como são trabalhadas são também formas de submissão. Por exemplo, através de cursos de aperfeiçoamento, o trabalhador é reprimido enquanto ser histórico uma vez que todo esforço é canalizado para desenvolver uma potencialidade, o que sufoca as outras. Algumas empresas mantêm serviço próprio de transporte de seus empregados. Isso oferece maior comodidade ao trabalhador, representa pontualidade e menor cansaço da força de trabalho que vai trabalhar mais disposta, o que contribui para aumentar a produtividade do trabalho, ou seja, a mais-valia. Além disso, retira imediatamente o trabalhador do local de trabalho ao fim de sua jornada. O que dificulta o debate em torno das relações no trabalho.

Dessa maneira, nenhuma empresa faria concessões se tais concessões não revertessem em seu próprio benefício. E as concessões feitas por alguma empresa ou são para antecipar respostas a possíveis reivindicações desnorteando possível organização dos trabalhadores ou outras camadas da população, ou resultam do processo de conquista da força de trabalho. E ao fazer isso a empresa não está preocupada com o bem-estar dos trabalhadores enquanto seres humanos, mas no bem-estar dos trabalhadores enquanto força de trabalho, enquanto mercadoria que poderá produzir ainda mais excedente e no bem-estar da força de trabalho enquanto apta a assegurar a acumulação do capital. Um dos vice-presidentes de uma empresa americana diz: "A sociologia mostrou que os homens parecem produzir melhor se são felizes e nós esforçamo-nos por torná-los felizes. Mas se a experiência provasse que os homens produziriam melhor se estivessem furiosos, nós arranjaríamos maneira de que eles assim estivessem permanentemente".[86]

---

86. LATTRE, J. de. Citado por BOGOMOLOVA, N. *Teoria das "relações humanas"* — *instrumento ideológico dos monopólios.* p. 113.

Este representante da burguesia deixa claro que importa produzir mais-valia por quaisquer meios. Importa o lucro que é o objetivo maior no capitalismo.

Se as Relações Públicas são utilizadas pelos donos ou representantes do capital é porque elas servem para tal fim. Assim, as Relações Públicas não podem ser concebidas como desenraigadas da história, auto-suficientes em si mesmas, neutras. Elas têm um comprometimento histórico, que no capitalismo é com o capital.

CAPÍTULO IV — RELAÇÕES PÚBLICAS E A SOCIEDADE CIVIL E ESTADO

Estivemos examinando as Relações Públicas no modo de produção capitalista. Vimos que nas relações antagônicas entre as classes sociais fundamentais do capitalismo resultantes da existência da propriedade privada dos meios de produção e da distribuição desigual do produto do trabalho, elas estão a serviço da burguesia e se manifestam de várias formas com múltiplas implicações. Passemos a apanhar o funcionamento da sociedade burguesa como um todo e aí captar as funções das Relações Públicas no conjunto desta sociedade.

1. A CONSTITUIÇÃO DA SOCIEDADE CIVIL E ESTADO

Karl Marx, no prefácio de *Contribuição à crítica da economia política,* expõe a conclusão geral a que chegou nos seus estudos. Vejamos a parte na qual ele situa a estrutura e a superestrutura da sociedade: "Na produção social da sua existência, os homens estabelecem relações determinadas, necessárias, independentes da sua vontade, relações de produção que correspondem a um determinado grau de desenvolvimento das forças produtivas materiais. O conjunto dessas relações de produção constitui a estrutura econômica da sociedade, a base concreta sobre a qual se eleva uma superestrutura jurídica e política e à qual correspondem determinadas formas de consciência social. O modo de produção da vida material condiciona o desenvolvimento da vida social, política e intelectual em geral. Não é a consciência dos homens que determina o seu ser; é o seu ser social que, inversamente, determina a sua consciência".[1]

Está pois explicitado que a estrutura econômica da sociedade é a base concreta sobre a qual se ergue a superestrutura jurídica e política e à qual correspondem determinadas formas de consciência social. Vemos então que é um todo que se organiza em decorrência das relações de produção. Fazem parte desse todo a sociedade civil e o Estado. K. Marx, F. Engels e outros clássicos analisaram a questão da sociedade civil e do Estado, mas o marxismo encontra em Antonio Gramsci um continuador do estudo das relações entre a estrutura e superestrutura, o que inclui a noção de "bloco histórico". A. Gramsci define a estrutura como o conjunto das forças sociais e do mundo da produção: "À base do grau de desenvolvimento das forças materiais de produção estruturam-se os agrupamentos sociais, cada um dos quais representa uma função e ocupa uma posição determinada na produção".[2]

Como já dissemos, as classes fundamentais do capitalismo são a burguesia e o proletariado, classe dominante e classe dominada, respectivamente, mas entre estas duas classes antagônicas está a chamada classe média, porém não é nosso propósito apanhar o seu papel histórico e estrutural neste trabalho. A superestrutura abarca a sociedade civil e a sociedade política ou Estado. E estrutura e superestrutura formam um bloco histórico. Em breve estudo anterior[3] já tratamos desta temática na tentativa de apanhar as funções das Relações Públicas como instrumento de hegemonia da burguesia. Aqui, antes de entrarmos na concepção gramsciana de bloco histórico, o que implica explicitar a questão de ideologia e de hegemonia, vamos colocar a questão da sociedade civil e do Estado, tal como é concebida por K. Marx, F. Engels e V. I. Lenin.

Antes de mais nada, tanto a partir dos clássicos como de A. Gramsci, não devemos conceber a sociedade civil nem o Estado como instâncias desenraigadas da totalidade da sociedade. Estado e sociedade civil se constituem reciprocamente. Ou seja, o Estado se constitui ao mesmo tempo em que se constitui a sociedade civil.

1. p. 24.
2. *Maquiavel, a política e o Estado moderno.* p. 49.
3. Hegemonia e relações públicas. *Revista Comunicação e Sociedade.* n.º 2, p. 171.

K. Marx e F. Engels na primeira parte de *A ideologia alemã* afirmam que "a sociedade civil abarca o conjunto das relações materiais dos indivíduos no interior de um determinado estádio de desenvolvimento das forças produtivas. Encerra o conjunto da vida comercial e industrial existente uma dada fase e ultrapassa por isso mesmo o Estado e a nação, se bem que deva afirmar-se no exterior como nacionalidade e organizar-se no interior como Estado. O termo sociedade civil surgiu no século XVIII, quando as relações de propriedade se desligaram da comunidade antiga e medieval. A sociedade civil enquanto tal só se desenvolve com a burguesia".[4]

Portanto, o que define sociedade civil são os marcos das relações sociais de produção e, como podemos depreender acima, K. Marx e F. Engels associam a idéia de sociedade civil à idéia de revolução burguesa. E esta é um movimento histórico que organiza a sociedade de sorte a estabelecer condições para o desenvolvimento capitalista.

A sociedade civil é a sociedade fundada no contrato, na cidadania, num direito público que garante os direitos e os deveres do cidadão. A sociedade civil é fundada na Declaração Universal dos Direitos do Homem que nasceu da Revolução Francesa, portanto um documento que se institui com a revolução burguesa, cujos princípios fundamentais são a liberdade, a igualdade e a propriedade. Liberdade de ir e vir. A liberdade está então para o mercado: levar e trazer mercadorias. A igualdade perante a lei não é só política, diz respeito também ao comprador e ao vendedor no mercado, diz respeito ao contrato. K. Marx no segundo capítulo de *O capital* diz que a mercadoria para ir ao mercado não vai com os seus próprios pés, vai pelas mãos de seu proprietário, onde há a troca e onde vendedor e comprador se reconhecem como iguais. É fundamental [*conditio sine qua non*] para o contrato de compra e venda de mercadorias que os que trocam sejam pessoas livres.[5] E a propriedade privada é inviolável. O que significa a garantia da posse dos meios de produção por alguns e o dever dos outros em respeitá-la como tal.

Esses princípios norteiam também o Direito na sociedade burguesa, como se verifica na Constituição do Brasil em seu Art. 153:

---
4. v. 1, p. 94.
5. l. 1, v. 1, p. 94.

"A Constituição assegura aos brasileiros e aos estrangeiros residentes no País a inviolabilidade dos direitos concernentes à vida, à liberdade, à segurança e à propriedade".[6] As relações sociais estão organizadas, em última instância, pelo termo jurídico, seja na escola, na fábrica, na igreja, no sindicato, na família, etc., e no conjunto da sociedade pela Constituição e leis, decretos, portarias. Na medida em que se desenvolve a sociedade burguesa, desenvolve-se todo um conjunto de leis, regulamentos, etc. Mas as leis não são expressão do poder de Estado simplesmente. Elas são feitas e refeitas pela sociedade. São as exigências do mercado que fundam o Direito. E o Direito funda-se nos princípios de igualdade, liberdade e propriedade. A formalização dos direitos e deveres é garantida pelo Estado e o Estado, ao mesmo tempo em que garante que todos são iguais perante a lei, garante a desigualdade social, como no caso da propriedade privada. Está aí uma contradição, pois o que afirma no discurso, nega-o na prática.

Na sociedade civil a sociedade nacional se impõe sobre os regionalismos e a sociedade total é simbolizada na língua, na Constituição, na moeda. Cria-se o mercado nacional e as pessoas são livres para ir e vir. Há interdependência devido à necessidade de produzir, vender, comer, dormir, locomover, plantar, etc. Simultaneamente há a divisão do trabalho, há o desenvolvimento das forças produtivas. É preciso pois que o todo se articule para que se realize a produção, a distribuição, a troca e o consumo, para que se realize produção e reprodução das relações sociais. Desenvolvem-se, pois, associações, sindicatos, partidos políticos, igrejas, escolas, meios de comunicação, magistraturas, o Estado. Mas, o processo de constituição da sociedade civil e do Estado envolve lutas, uma vez que a sociedade é fundada no antagonismo, na dominação do capital sobre o trabalho. Se o Direito é fundado pelas exigências do mercado e é a expressão dos interesses da classe dominante — que é dominante graças a sua supremacia na luta de classes em determinado momento histórico — o Estado burguês é a "forma de organização que os burgueses constituem pela necessidade de garantirem mutuamente a sua propriedade e seus interesses".[7] Este problema é deixado claro por F. Engels que em *A origem da família, da propriedade privada e do Estado*,

---

6. CONSTITUIÇÃO DA REPÚBLICA FEDERATIVA DO BRASIL. p. 63.
7. MARX, Karl & ENGELS, Friedrich. *A ideologia alemã*. v. 1, p. 95.

concluindo que o Estado não é, "de modo algum, um poder que se impôs à sociedade de fora para dentro; tampouco é 'a realidade da idéia moral', nem 'a imagem e a realidade da razão', como afirma Hegel. É antes um produto da sociedade, quando esta chega a um determinado grau de desenvolvimento; é a confissão de que essa sociedade se enredou numa irremediável contradição com ela própria e está dividida por antagonismos irreconciliáveis que não consegue conjurar. Mas, para que esses antagonismos, essas classes com interesses econômicos colidentes não se devorem e não consumam a sociedade numa luta estéril, faz-se necessário um poder colocado aparentemente por cima da sociedade, chamado a amortecer o choque e a mantê-lo dentro dos limites da 'ordem'. Este poder, nascido da sociedade, mas posto acima dela se distanciando cada vez mais, é o Estado".[8]

Partindo dessa formulação de F. Engels, V. I. Lenin afirma que o "Estado é o produto e a manifestação do antagonismo *irreconciliável* das classes. O Estado aparece onde e na medida em que os antagonismos de classes *não podem* objetivamente ser conciliados. E, reciprocamente, a existência do Estado prova que as contradições de classes são irreconciliáveis".[9]

Não obstante, os interesses privados assumem a aparência de interesses comuns a toda a sociedade. O Estado que aparece neutro, que aparece acima das classes sociais é um Estado fetichizado, uma vez que na realidade é "um órgão de *dominação* de classe, um órgão de *submissão* de uma classe por outra; é a criação de uma 'ordem' que legalize e consolide essa submissão, amortecendo a colisão de classes".[10]

Está claro, pois, que a burguesia, classe dominante, apodera-se do poder de Estado para organizar e manter a reprodução das condições sociais de sorte a garantir a apropriação privada da produção gerada socialmente. Mas, como na sociedade burguesa aparentemente todos são iguais, o Estado burguês aparece como a realização do interesse comum a toda a sociedade. Dizendo em outras palavras, o Estado para realizar sua função de amortecer a colisão de classes, aparece como a realização do interesse comum da sociedade e não para realizar o interesse comum de uma classe. Porém, não

---
8. p. 191.
9. *O Estado e a revolução.* p. 9.
10. Idem, p. 10.

devemos desprezar o fato de que, mesmo sendo um Estado que atende os interesses da classe dominante, é coagido a atender os interesses da sociodade como um todo, dentro dos limites da "ordem". A fetichização do Estado leva as pessoas a identificarem o Estado ou o governo como dominador e a não perceberem claramente ou de uma só vez que ele apenas permite e regula a dominação de uma classe sobre as outras através das leis, do Direito e da violência. Porém, nas crises, muitas categorias se explicitam, vem às claras a lei e para quem, ela serve, a polícia, o exército e partidos políticos, enfim todo o aparato superestrutural explicita sua função.

Como já vimos, a sociedade burguesa é uma sociedade de classes antagônicas com interesses também antagônicos. Para manter a dominação, a classe dominante se arma de muitos meios. Serve-se dos organismos da sociedade civil, do Estado e suas múltiplas manifestações, como também da ideologia na busca do consenso. Neste contexto estão as Relações Públicas pois participam do processo educativo de todas as camadas sociais em torno dos ideais burgueses.

Citamos anteriormente uma passagem de K. Marx no prefácio de *Contribuição à crítica da economia política* na qual ele afirma que o modo de produção da vida material condiciona o desenvolvimento da vida social, política e intelectual em geral e que não é a consciência dos homens que determina o seu ser, mas o seu ser social que determina a sua consciência. Foi dito também que a produção da vida material no capitalismo é engendrada pela divisão social do trabalho concomitantemente com a propriedade privada dos meios de produção e com a apropriação privada do produto do trabalho social, e que o produto do trabalho, em última instância, aparece como dotado de vida própria, ocultando as relações sociais do trabalho dos homens. Assim, a forma como se manifesta o produto do trabalho dos homens oculta o real das relações sociais. Se o "ser social" do homem é que determina a sua consciência e se o ser social do homem é condicionado a relações coisificadas, resulta que sua vida material é alienada. Essa alienação tem sua gênese na alienação do trabalho, pois o produtor não se pode reconhecer no produto do seu trabalho, uma vez que está submetido às condições e finalidades do proprietário dos meios de produção.

Neste contexto as Relações Públicas são utilizadas para preservar a alienação do trabalho. Ao se proporem promover a "compreensão mútua" entre desiguais como se os interesses em jogo fossem idênticos, estão reforçando a cumplicidade das relações de dependência recíproca entre capital e trabalho. Participam do esforço da classe dominante para que a desalienação não ocorra. Em sua essência são instrumento classista, porque os dominadores, ao fazerem Relações Públicas, o fazem visando, em última instância, ao interesse comum da classe dominante. E as funções das Relações Públicas na sociedade burguesa, a serviço da classe dominante, não poderiam ser diferentes já que imperam interesses privados mesmo que fetichizados em interesses de toda a sociedade. Assim, a ideologia burguesa norteia a atividade de Relações Públicas. E a ideologia burguesa, ao mesmo tempo em que procura camuflar o real, não deixa de ser uma manifestação coerente do real fetichizado. Ou seja, suas manifestações se desvinculam do real das contradições estruturais e constitutivas do modo de produção; mas, como na luta de classes a burguesia se fez classe dominante e os princípios de igualdade, liberdade, propriedade norteiam a vida social (hegemonia burguesa) e os interesses privados ganham a aparência de interesse geral, as Relações Públicas funcionalmente atendem à necessidade da classe dominante em manter essa aparência.

As contradições estruturais são ocultadas e a sociedade é apresentada pela ideologia burguesa como harmoniosa e o Estado como o realizador dos interesses de toda a sociedade.

Assim, através da ideologia, a classe dominante busca o consenso de todas as camadas sociais, busca a aceitação pela sociedade dos ideais burgueses e se tornar hegemônica.

K. Marx, F. Engels, V. I. Lenin e outros clássicos trataram da questão da ideologia e da hegemonia, mas para analisar esta problemática vamos nos servir da contribuição de A. Gramsci uma vez que ele deu continuidade e aprofundou-se no tratamento de tal questão.

A. Gramsci em *Concepção dialética da história* define a natureza do "bloco histórico": "a estrutura e as superestruturas formam um 'bloco histórico', isto é, o conjunto complexo — contraditório e discordante — das superestruturas é o reflexo do conjunto das relações sociais de produção".[11] Assim, no modo de produção capitalista em momentos históricos determinados, a superestrutura expressa e é conivente com a base econômica da sociedade tal como está estruturada pelas relações antagônicas entre as classes sociais.

---

11. p. 52.

A unidade do bloco histórico é decorrente do vínculo orgânico entre estrutura e superestrutura. O vínculo orgânico é necessário para formar um "bloco histórico". Vínculo orgânico significa ligação estreita, incorporação e reciprocidade de interesses, ou seja, estrutura e superestrutura formam um todo coerente em determinado momento histórico. O vínculo orgânico entre estrutura e superestrutura é realizado pelos intelectuais em nível superestrutural. Os intelectuais, qualificados como "funcionários" da superestrutura, são criados pelas classes no seu processo de formação e desenvolvimento. O vínculo orgânico entre os intelectuais e a classe que representam aparece na atividade que eles exercem no seio da superestrutura para tornar essa classe homogênea e hegemônica.[12]

Em A. Gramsci encontramos que "todos os homens são intelectuais".[13] Isso porque

> "em qualquer trabalho físico, mesmo no mais mecânico e degradado, existe um mínimo de qualificação técnica, isto é, um mínimo de atividade intelectual criadora. (...) Mas a própria relação entre o esforço de elaboração intelectual-cerebral e o esforço muscular-nervoso não é sempre igual; por isso existem graus diversos de atividade específica intelectual. Não existe atividade humana da qual se possa excluir toda intervenção intelectual; não se pode separar o *homo faber* do *homo sapiens*. Em suma, todo homem, fora de sua profissão, desenvolve uma atividade intelectual qualquer, ou seja, é um 'filósofo', um artista, um homem de gosto, participa de uma concepção de mundo, possui uma linha consciente de conduta moral, contribui assim para manter ou para modificar uma concepção de mundo".[14]

Dessa maneira, a atividade intelectual se diferencia em graus. "Estes graus, nos momentos de extrema oposição, dão lugar a uma verdadeira e real diferença qualitativa: no mais alto grau, devem ser colocados os criadores das várias ciências, da filosofia, da arte, etc.; no mais baixo, os 'administradores' e divulgadores mais modestos da riqueza intelectual já existente, tradicional, acumulada." [15]

Dissemos que o vínculo orgânico entre estrutura e superestrutura é realizado pelos intelectuais. Se orgânicos à classe dominante, serão os emissários, os persuasores, os agentes desta para introjetar

---
12. PORTELLI, Hugues. *Gramsci e o bloco histórico.* p. 15 a 47 e 83 a 87.
13. *Os intelectuais e a organização da cultura.* p. 7.
14. Idem, p. 7 e 8.
15. Idem, p. 11 e 12.

uma direção cultural e ideológica nas várias camadas sociais. Como a ideologia burguesa é um fetiche do real e como ideologia é uma "concepção de mundo, que se manifesta implicitamente na arte, no direito, na atividade econômica, em todas as manifestações de vida individuais e coletivas",[16] as camadas dominadas são "educadas" num espírito que se opõe a seus próprios interesses fundamentais e à sua própria práxis. K. Marx e F. Engels em *A ideologia alemã* escreveram que "os pensamentos da classe dominante são também, em todas as épocas, os pensamentos dominantes, ou seja, a classe que tem o poder *material* dominante numa dada sociedade é também a potência dominante *espiritual*. (...) Os pensamentos dominantes são apenas a expressão ideal das relações materiais dominantes concebidas sob a forma de idéias e, portanto, a expressão das relações que fazem de uma classe a classe dominante; dizendo de outro modo, são as idéias de seu domínio. Os indivíduos que constituem a classe dominante possuem entre outras coisas uma consciência, e é em conseqüência disso que pensam; na medida em que dominam enquanto classe e determinam uma época histórica em toda sua extensão, é lógico que esses indivíduos dominem em todos os sentidos, que tenham, entre outras, uma posição dominante como seres pensantes, como produtores de idéias, que regulamentam a produção e a distribuição dos pensamentos da sua época; suas idéias são, portanto, as idéias dominantes da sua época".[17]

Se, como já dissemos, Estado e sociedade civil se constituem reciprocamente, na concretização desse processo significa que há o consentimento da sociedade, significa que as idéias da classe dominante são as idéias dominantes nesse momento histórico de uma dada sociedade.

A distinção que A. Gramsci faz entre sociedade civil e sociedade política ou Estado, como ele mesmo esclarece, é de ordem metodológica e não orgânica, pois "na realidade fatual sociedade civil e Estado se identificam".[18] Ou, ainda, "os elementos componentes do Estado em sentido orgânico e mais amplo [são o] Estado propriamente dito e sociedade civil".[19] Mas, vejamos a distinção metódica entre sociedade civil e sociedade política e o papel dos intelectuais:

---
16. GRAMSCI, Antonio. *Concepção dialética da história*. p. 16.
17. v. 1, p. 55 e 56.
18. *Maquiavel, a política e o Estado moderno*. p. 32.
19. Idem, p. 138.

"Pode-se fixar dois grandes 'planos' superestruturais: o que pode ser chamado de 'sociedade civil' (isto é: os conjuntos de organismos chamados comumente de 'privados') e o da 'sociedade política ou Estado', que corresponde à função de 'hegemonia' que o grupo dominante exerce em toda a sociedade e àquela de 'domínio direto', ou de comando, que se expressa no Estado e no governo 'jurídico'. Essas funções são precisamente organizativas e conectivas. Os intelectuais são os 'comissários' do grupo dominante para o exercício das funções subalternas da hegemonia social e do governo político, isto é: 1) do consenso 'espontâneo' dado pelas grandes massas da população à orientação impressa pelo grupo fundamental dominante à vida social, consenso que nasce 'historicamente' do prestígio (e, portanto, da confiança) que o grupo dominante obtém, por causa de sua posição e de sua função no mundo da produção; 2) do aparato de coerção estatal que assegura 'legalmente' a disciplina dos grupos que não 'consentem', nem ativa nem passivamente, mas que é constituído para toda a sociedade, na previsão dos momentos de crise no comando e na direção, nos quais fracassa o consenso espontâneo".[20]

Desse modo, a classe dominante "exerce sua ditadura, não somente por meio da coação, através do aparelho policial, judiciário, etc., mas também por meio de sua hegemonia (...), pela qual ela neutraliza todo um conjunto de forças revolucionárias".[21] A hegemonia se realiza no interior do "bloco histórico" buscando sua unidade ideológica e política. Para isso a classe dominante no processo de sua formação e desenvolvimento cria e elabora seus próprios intelectuais orgânicos.

2. RELAÇÕES PÚBLICAS NO ÂMBITO DA SOCIEDADE CIVIL E DO ESTADO: CASO BRASILEIRO

Retomando, com algumas modificações, nossas colocações no artigo *Hegemonia e relações públicas,* é patente que na direção ideológica burguesa dentro da sociedade civil, as escolas contribuem na elaboração dos intelectuais orgânicos e "o profissional de relações

---

20. GRAMSCI, A. *Os intelectuais e a organização da cultura.* p. 10 e 11.
21. MACCIOCHI, Maria-Antonieta. *A favor de Gramsci.* p. 129.

públicas é o resultado desse tipo de elaboração".[22] Os estudantes de Relações Públicas, na medida em que são levados ao domínio da técnica numa formação unidirecional, estão sendo preparados para vincularem-se organicamente à burguesia. Toda uma concepção de mundo é incutida na preocupação de formar um especialista que seja capaz de servir aos interesses do capital. O seu prêmio será um bom emprego. Vendendo sua força de trabalho, o profissional de Relações Públicas se submete ao capital e torna-se um "funcionário" da superestrutura, difundindo a ideologia burguesa e contribuindo para o anestesiamento das camadas exploradas da população, camuflando as contradições de classe e prevenindo contra a transformação da estrutura econômica da sociedade. Nestas condições, o profissional de Relações Públicas é um intelectual orgânico à burguesia, que mesmo sendo um explorado se transforma em agente da exploração.

No Brasil, o "Código de Ética" do profissional de Relações Públicas estabelece seus deveres fundamentais. Alguns desses deveres são: "guardar sigilo sobre o que saiba em razão de seu ofício; (...) respeitar os princípios da 'Declaração Universal dos Direitos do Homem'; (...) respeitar compromissos, que devem ser formulados em termos que não se prestem a confusão, e de agir honesta e lealmente, em todas as ocasiões, a fim de merecer a confiança de todos; participar da vida da comunidade, assumindo responsabilidades construtivas, cívicas e sociais, jamais visando ou admitindo palavras ou atos que possam prejudicar o conceito e os interesses de nossa Pátria".[23] Portanto, ele deve estar integrado ao pensamento dominante.

O profissional de Relações Públicas conduz suas atividades de maneira discreta e as Relações Públicas passam a fazer parte do processo de ação de instituições e do Estado também de forma discreta, procurando estabelecer um clima de harmonia social. Assim, elas têm um grande potencial de envolver as mentes das pessoas de modo profundo uma vez que sutilmente se manifestam no campo das relações sociais. Seu discurso é persuasivo, sempre mostrando as "virtudes" dos atos de quem está a serviço. Além dos veículos de comunicação dirigida a públicos específicos, elas utilizam os veí-

---
22. PERUZZO, Cicilia M. Krohling. Hegemonia e relações públicas. *Revista Comunicação e Sociedade*. n.º 2, p. 179.
23. GUIA BRASILEIRO DE RELAÇÕES PÚBLICAS. p. 61.

culos de comunicação de massa para divulgar notícias. As notas enviadas aos meios de comunicação de massa são chamadas de "press-release", que são ou não publicadas, mas quando o são saem em forma de notícia, eliminando o cunho de matéria paga. Com isso, além de não ser preciso pagar o espaço para publicação, obtém-se publicidade em forma de notícia de interesse público. Para as "relações com a imprensa" os manuais de Relações Públicas ensinam técnicas especiais. Entre elas, recomenda-se: "mantenha com os jornalistas relações amistosas, mas não suspeitas; pratique uma política de portas abertas com todos os jornalistas; convoque a imprensa em casos importantes, mas não abuse; passe aos jornais, por telefone, as notícias de caráter urgente e de real interesse; redija os comunicados em estilo conciso, sem pretender que eles sejam publicados como foram enviados; identifique todos os comunicados; esteja sempre à disposição dos jornalistas para qualquer pergunta; reúna toda a documentação necessária à autenticação das notas mandadas ou dos informes prestados, diretamente, aos jornalistas".[24]

Para a Associação Internacional de Relações Públicas, as "relações com a imprensa são, entre as funções de Relações Públicas, as que têm por finalidade adquirir e manter a confiança dos dirigentes e colaboradores dos diversos órgãos de divulgação (jornal, revista, rádio e televisão), confiança essa que afirma pela utilização de noticiário proveniente de uma empresa pública ou privada. Para poder atingir esse fim, há necessidade de um serviço de informações dotado de todos os recursos e meios indispensáveis à realização de suas atividades".[25]

As "relações com a imprensa" recebem tratamento especial pelas Relações Públicas, uma vez que "são as boas relações com a imprensa em geral que permitem à empresa obter mais notícias e comentários sobre a sua atuação e diretrizes, facilitando deste modo o aumento de prestígio e simpatia junto à coletividade. Somente através de boas relações com a imprensa, podem as empresas evitar críticas infundadas ou informações inverídicas que todo jornalista está sujeito a colher nas fontes de informação".[26]

---

24. VERDIER, H. Citado por ANDRADE, C. Teobaldo de S. *Curso de relações públicas.* p. 76.
25. Citado por ANDRADE, C. Teobaldo de S. Idem, p. 71.
26. ANDRADE, C. Teobaldo de S. *Curso de Relações Públicas.* p. 72.

Os meios de comunicação de massa, cujos proprietários são da classe dominante ou a ela vinculados, participam do processo "educativo" servindo ao sistema como um todo como veículo para transmissão de conceitos, valores, estilo de vida, etc., servem as Relações Públicas em particular na divulgação de informações que instituições queiram tornar públicas. Ao mesmo tempo os meios de comunicação podem utilizar as Relações Públicas nas relações com os seus públicos. É o caso da Rede Globo ao introduzir programas educativos, o "Telecurso 2.º Grau" por exemplo, para denotar que está contribuindo com a educação no Brasil.

Nos demais organismos da sociedade civil (igrejas, sindicatos, associações, serviço militar, editoras, bibliotecas, etc.) as Relações Públicas podem estar presentes, sempre diretamente vinculadas à estrutura formal das instituições. Não vamos tratá-las em cada um destes organismos uma vez que no "bloco histórico" seu objetivos globais confluem na direção dos interesses da classe dominante, conforme já vimos no capítulo anterior. Ao procurar respeitar interesses dos dominados, busca-se a legitimidade da dominação. Vamos apenas analisar um caso, o do concurso "operário-padrão".[27]

Este concurso desde 1955 é patrocinado e organizado pelo jornal *O Globo* e pelo SESI — Serviço Social da Indústria — e em São Paulo conta com o apoio da Secretaria de Estado de Relações do Trabalho.

O concurso é realizado por organismos da sociedade civil e destinado somente aos trabalhadores diretamente ligados à produção, até o nível de mestre-geral ou chefe de seção. Cada empresa (privada ou mista, contribuintes do SESI) que queira participar, efetiva o concurso junto à força de trabalho da própria empresa escolhendo o seu "operário-padrão". A eleição do "operário-padrão" aí pode ser direta (através de voto dos colegas de trabalho), por aclamação ou por indicação da diretoria da empresa. Em seguida a empresa envia o *curriculum vitae* do "operário-padrão" eleito ao SESI, que vai coordenar o concurso em nível estadual e nacional. Em São Paulo instituiu-se o "operário-padrão paulistano" que abrange os participantes da capital, cujo vencedor concorre com mais 16 (dezesseis) representantes de outros municípios ao título "operário-padrão bandeirante" em nível estadual. A fase final do concurso para escolher

---

27. Chamado de "Campanha Operário-Padrão" pelos organizadores.

o "operário-padrão nacional" é realizada no Rio de Janeiro, com o júri assim composto: "Ministro do Trabalho, Diretor de *O Globo*, Presidente do Conselho Nacional do SESI, Diretor do Departamento Nacional do SESI, Presidente da Confederação Nacional dos Trabalhadores na Indústria".[28] Portanto, o estabelecimento das normas e dos prêmios e a escolha dos eleitores (e o próprio júri) são de competência dos dominantes.

De acordo com o material impresso fornecido pelo SESI às indústrias, os objetivos do concurso são:

> "A Campanha do Operário-Padrão foi criada com a finalidade de consagrar o trabalho anônimo dos que constroem a base do desenvolvimento do Brasil. Com o passar dos anos ela acabou se transformando numa verdadeira festa de confraternização nacional.
>
> "Para os operários ela representa a oportunidade de ver reconhecido o seu trabalho, sua dedicação, sua assiduidade, o índice elevado de companheirismo, a moral irrepreensível em relação à família, à comunidade e à Pátria.
>
> "Para as empresas é um elo a mais de ligação entre os patrões e os operários. Além disso, ao exaltar o trabalhador, a campanha valoriza a empresa a que ele pertence e que lhe dá os meios necessários para desenvolver o seu trabalho." [29]

Este concurso, que carrega o espírito de campanha [30] de Relações Públicas, "se transformou numa verdadeira festa de confraternização nacional".[31] Então, em clima de euforia os dominantes festejam e exaltam um determinado tipo de operário. Tentam fazer convergir interesses de classes antagônicas no cenário nacional no sentido em que a força de trabalho é atingida, tanto nos locais de trabalho, como através dos meios de comunicação de massa, por este concurso que, com a participação de empresas, associações burguesas, meio de comunicação e Estado, cantam e decantam um padrão de operário.

Ao se reconhecer o trabalho, a dedicação, a assiduidade, etc., e promover a ligação entre desiguais, o que se objetiva, se não valorizar os trabalhadores disciplinadamente submetidos ao espírito empre-

---

28. OPERÁRIO-PADRÃO 81. SESI-*O Globo*.
29. Idem.
30. "Campanha destina-se a formar a opinião em torno de problemas de grande significação para a coletividade e para com a instituição." ALBUQUERQUE, Adão E. *Planejamento das relações públicas*. p. 25.
31. OPERÁRIO-PADRÃO 81. SESI-*O Globo*.

sarial e ao tipo de sociedade persuadindo a força de trabalho a consentir com a apropriação privada do produto do seu trabalho e com a dominação política e cultural? Ainda, "ao exaltar o trabalhador, a campanha valoriza a empresa".[32] O que quer dizer que, além das vantagens anteriores, quem continua ganhando é a empresa, que vai obter publicidade e assim angariar simpatia, o que é transferido ao sistema de propriedade privada.

Para concorrer à eleição interna na empresa os candidatos devem: ter o "mínimo de 3 (três) anos de casa; assiduidade e dedicação ao trabalho; preceito geral de moral no trabalho, em relação à família, à comunidade e à Pátria; índice elevado de companheirismo; competência profissional; ser brasileiro; ser sindicalizado".[33] Diante destes requisitos deve constar do *curriculum vitae* do "operário-padrão" eleito, entre outros dados, informações minuciosas sobre sua vida: *"vida familiar* (composição familiar, relacionamento, dificuldades e objetivos alcançados, manutenção, etc.); *vida funcional* (tempo de serviço, atividades anteriores ao seu ingresso na empresa, atividade atual, capacidade técnica profissional, assiduidade, colaboração com a empresa, companheirismo, prêmios e elogios, inventiva e criatividade); *vida comunitária* (atividades cívicas, religiosas, culturais, gestos de desprendimento e solidariedade e outros); e *fatos importantes ocorridos na vida do trabalhador* (profissional e familiar)".[34]

Assim, é levantada a história de vida do trabalhador, daquele trabalhador organicamente ligado à burguesia, conforme demonstram os currículos [35] que pudemos analisar. Um destes currículos é de um ex-interno da FESBEM — Fundação Espírito Santo do Bem-Estar do Menor — que foi eleito "operário-padrão" de uma das empresas de um grupo no ramo de celulose. É um trabalhador que superou grandes dificuldades, fez cursos profissionalizantes, é "aquele que ajuda um colega a transportar um objeto mais pesado de um lugar para o outro", que "extrapola seu horário de trabalho sempre com maior boa vontade e interesse", "é católico, mas sua atividade restringe-se à participação nas missas dominicais e contribuição dada ao movimento dizimista", gosta de futebol e "é goleiro do time da

---

32. Idem.
33. Idem.
34. Idem.
35. Tivemos acesso a currículos através de profissionais ligados a empresas e na sede do SESI em São Paulo, onde também obtivemos cópia do regulamento e outras informações sobre a dinâmica do concurso.

empresa".[36] Em outro currículo há grande destaque para os melhoramentos ou inventos de peças e máquinas pelo trabalhador (que cede a patente à empresa e em troca recebe prêmios).

Dentro dessa perspectiva levanta-se a vida do trabalhador vinculado organicamente à burguesia, "símbolo do trabalho que constrói a grandeza do país", mobilizando anualmente um grande número de operários.

Nas etapas finais os vencedores são homenageados, recebem prêmios em dinheiro, diplomas, troféus e medalhas. Participam de programas especiais com viagem e hospedagem pagas pelos patrocinadores. Seus nomes, fotos e virtudes (junto com o nome da empresa) são divulgados pelos jornais, emissoras de rádio e canais de televisão. E, para finalizar, o "operário-padrão nacional" tem sua foto no cartaz de propaganda do ano seguinte, recebe prêmios de outras empresas que também o convidam para proferir palestras à força de trabalho. Resultado: transformam-no em um intelectual ainda mais orgânico à burguesia. O "operário-padrão" é pois cooptado pela classe dominante que estabeleceu o padrão do operário por ela desejado.

Este concurso coloca a questão da produção de mercadorias. Primeiro, que só podem participar os trabalhadores diretamente ligados à produção. Na produção ele tem que ser um ótimo profissional, tanto em assiduidade e dedicação ao trabalho, capacidade técnica, colaboração com a empresa e com os colegas de trabalho, como em melhoria da força produtiva expressada, por exemplo, em inventos e melhoramentos técnicos. Então o "operário-padrão" não é só um ótimo profissional, mas também um elemento da força produtiva. Explicita pois a questão da mais-valia, mais especificamente da cooperação tal como a analisamos no terceiro capítulo. Ao mesmo tempo o concurso coloca também a questão da produção e reprodução da força de trabalho, como da produção e reprodução das condições gerais para a produção capitalista. Aí é valorizada a luta do operário pela sua sobrevivência e de sua família, como também sua participação em atividades cívicas, religiosas e culturais que reafirmem as relações sociais garantidas pelo Estado. Portanto, aspectos da estrutura e da superestrutura ideológica e política confluem para preservar as condições necessárias à acumulação do capital.

---

36. Dados extraídos do *curriculum-vitae* enviado ao SESI.

Este concurso mostra também a articulação dos representantes da burguesia em direção dos trabalhadores para submeter cada vez mais a força de trabalho aos interesses do capital. Aqui as Relações Públicas estão articuladas entre empresas, o jornal *O Globo*, o SESI e o Estado e revela os elos de ligação. Neste sentido as Relações Públicas desempenham uma importante função, pois revelam as conexões e posicionam as instituições. Elas nos auxiliam a compreender a dinâmica da sociedade, o que é necessário para sua transformação.

Realiza-se um concurso onde componentes ou representantes da classe dominante elegem o operário "modelo", padronizado por ela. Sob o pretexto de valorizar o trabalhador, criam-se condições para arregimentar a força de trabalho em torno dos interesses das empresas e da classe dominante, na tentativa de desviar sua atenção dos antagonismos de classe.

Os benefícios (reputação favorável, reconhecimento pelo trabalho e prêmios) que este concurso proporciona para uns poucos trabalhadores são insignificantes para a classe trabalhadora. Porém, são muito significantes para o capital.

Na verdade, através do concurso "operário-padrão" se arma toda uma trama para alienar a força de trabalho visando desviar o operário dos interesses da classe trabalhadora, tornando-o instrumento de dominação. Ou seja, uma tentativa de desviar o eixo das relações reais entre capital e trabalho.

Dentro da dinâmica complexa e contraditória da sociedade burguesa, este concurso é uma demonstração do esforço da classe dominante em promover a articulação entre desiguais e entre empresas e outros organismos da sociedade civil, ambos articulados com o Estado. E o Estado, participando e garantindo este tipo de coisa, está se descolando de uma parcela da classe trabalhadora, daquela que não consente na perpetuação da submissão do trabalho ao capital ou que luta para que ocorra a desalienação.

Estando, pois, sociedade civil e sociedade política organicamente ligadas, a classe dominante utiliza uma e outra, alternada e harmoniosamente, para perpetuar sua dominação.[37] Nesta perspectiva,

---

37. PORTELLI, Hugues. *Gramsci e o bloco histórico*. p. 37.

a classe dominante se organiza na busca da hegemonia por consenso, ao mesmo tempo em que dispõe do aparato de coerção para assegurar a disciplina dentro da ordem estabelecida. Neste processo as Relações Públicas participam das relações sociais buscando, em sentido global, promover a harmonia dentro do sistema social. Assim, elas se mesclam nas relações sociais e por vezes na aparência se diluem participando como parte constitutiva de acontecimentos. Daí a importância atribuída à "ação preventiva", ou seja, que a ação das Relações Públicas deve ser preventiva, contínua e permanente. O que não elimina a possibilidade de serem utilizadas também nos momentos de crise. Com uma vantagem para a classe trabalhadora, pois é nos momentos de crise que elas se configuram mais claramente. Ou seja, estando as Relações Públicas no patamar contraditório e confluente da sociedade no qual durante as crises as leis se explicitam, a polícia, o exército, os sindicatos, etc. se posicionam, as Relações Públicas também se posicionam mais explicitamente com funções mais sólidas. Elas dão um passo adiante e se desvelam. Durante a greve da categoria metalúrgica em 1980 na região do ABCD paulista (região industrial de São Paulo), a FIESP — Federação das Indústrias do Estado de São Paulo — e o Ministro do Trabalho com atitudes típicas de Relações Públicas conclamavam a volta dos trabalhadores ao trabalho. Em 1981 os jornais publicam declarações de profissionais de Relações Públicas ou de próprios diretores de indústrias justificando a posição das empresas na demissão em massa de trabalhadores. As declarações são dirigidas sempre no sentido de resguardar um conceito favorável à empresa, transformando-a em vítima.

Como é nos momentos de crise que se configuram os vários elementos das forças produtivas e se delineiam as relações de produção, as contradições vêm às claras e as Relações Públicas são utilizadas a fim de atenuá-las, procurando estabelecer o entendimento entre interesses antagônicos e mostram de que lado estão.

O Estado burguês, essencialmente montado para assegurar os interesses da burguesia, utiliza Relações Públicas em seus vários níveis de atuação. Basta que pensemos nas inaugurações, discursos, entrevistas coletivas e campanhas e veremos que as Relações Públicas estão imbricadas na máquina governamental.

Os objetivos gerais de um programa de Relações Públicas no âmbito governamental, segundo Márcio Cesar Leal Coqueiro, são:

"Demonstrar a existência de uma mentalidade governamental humana e democrática, nos métodos e nos processos administrativos e políticos, principalmente nas relações entre governantes e governados;

"Estabelecer, manter e desenvolver um melhor entendimento entre esses dois grupos através de esclarecimento e informações sobre as diversas atividades governamentais; (...)

"Estabelecer meios apropriados (...) a fim de permitir aos cidadãos fazer chegar às autoridades responsáveis pela administração pública os seus pontos de vista e opiniões pessoais;

"Conseguir boa receptividade e concordância do povo em geral (...) e do legislativo para as novas leis e reformas ditadas pela necessidade de uma evolução periódica nos métodos técnicos e sociais de trabalho, conforme interpretação dada pelo governo e seus auxiliares técnicos administrativos;

"Assistir e ajudar os cidadãos no esclarecimento e interpretação das leis e normas administrativas, ressaltando os benefícios advindos e buscando a compreensão para a necessidade de seu cumprimento em prol do bem-estar da coletividade;

"Manter os cidadãos informados sobre todos os serviços e funções administrativas existentes, ao seu dispor, em seu benefício e para o bem-estar geral; (...)

"Cristalizar o sentimento da opinião pública com referência aos atos e atitudes do governo e das autoridades administrativas, a fim de que o conhecimento das reações do público permita tirar conclusões que possam conduzir o estabelecimento de melhores políticas." [38]

Estes objetivos não levam em consideração situações históricas e conjunturais concretas e subentendem que todos estão de acordo com o que está estabelecido. Entende-se que a mentalidade governamental é humana e democrática, desprezando formas de governo em que isso não acontece e que, ainda, por ser o Estado burguês hoje um capitalista coletivo, não tem mentalidade humana. Oculta que o Estado é instrumento de uma classe para preservar o sistema de acumulação do capital. Entende-se que é preciso desenvolver "um melhor entendimento entre governantes e governados através de esclarecimentos e informações sobre as diversas atividades governamentais",[39] o que não significa interferência na atividade governamental, mas concordância por parte dos governados. No tocante ao

---

38. "Relações públicas governamentais". In: ANDRADE, C. Teobaldo de S. (org.). *Mini-anais da II semana paulista de estudos de relações públicas*. p. 54 e 55.
39. Idem.

estabelecimento de meios "para que os cidadãos possam expressar seus pontos de vista",[40] o governo do Estado de São Paulo, por exemplo, criou o sistema de sugestões que tem servido mais para dar a idéia de que o governo facilita a participação da população. Os demais objetivos são igualmente verticais e mostram que as Relações Públicas desenvolvidas pela burguesia se propõem a unir opostos, ideologizando o real pois escamoteia as contradições sociais.

No Brasil, governos têm montado estruturas de comunicação a fim de obter a legitimidade social para suas ações e políticas.

Já no período do Estado Novo foi criado o DIP — Departamento de Imprensa e Propaganda (1940). A censura, a Propaganda, o Jornalismo e as Relações Públicas se confundem nas atividades do DIP.

O ato de criação do DIP diz que suas atividades eram "fazer censura ao teatro, cinema, radiodifusão, imprensa, além de censurar, organizar, patrocinar festas populares com intuito patriótico, educativo ou de propaganda turística".[41]

Alguns órgãos de divulgação eram ligados ao DIP, como a Hora do Povo, a Agência Nacional, rádios, jornais, cinemas, teatros e contatos com agências internacionais.[42] O DIP é o primeiro departamento público, no Brasil, exclusivamente dedicado ao "serviço de esclarecimentos, de interpretação, de doutrinação, de orientação pública, enfim".[43] Serviço que hoje se põe às Relações Públicas. Desse modo, as Relações Públicas estiveram presentes na forma e no conteúdo das mensagens emitidas através do rádio, jornais, etc., estiveram na organização e patrocínio de festas populares com intuito patriótico e educativo. Mas, esta dimensão está relacionada com toda uma estratégia política. Vimos no primeiro capítulo que, com Getúlio Vargas, as Relações Públicas também permearam as realizações sociais do governo. Tratou-se de tentar estabelecer a harmonia social, que é o objetivo central das Relações Públicas. Tratou-se de utilizar o DIP para obtenção da legitimidade do governo e da harmonia social. O curioso é que na bibliografia corrente não se faz referência a este período histórico como parte do histórico das Relações Públicas no Brasil.

---

40. Idem.
41. FARO, José Salvador. "A comunicação populista no Brasil: O DIP e a SECOM". In: MELO, José Marques de (coord.). *Populismo e comunicação*. p. 88.
42. DANTAS, Mercedes. *A força nacionalizadora do Estado Novo*. p. 106 e 107.
43. DUARTE, Gil. *A paisagem legal do Estado Novo*. p. 131.

Segundo Gil Duarte, o DIP é uma entidade "pedagógica" que objetiva obter da lei estadonovista "todos os esperados e possíveis efeitos sociais que ela pode oferecer".[44] Cabe-lhe a missão do desenvolvimento dessa escola de leis. "O grande livro da lei, nas aulas dessa escola, será a imprensa; no auditório nacional, será o rádio."[45]

A comunicação populista se dá dentro de um contexto de comprometimento entre camadas populares e governo. Na verdade as grandes reordenações sofridas pelo mundo capitalista, nos anos da crise e da Segunda Guerra Mundial, repercutem agudamente no Brasil e as reordenações do mundo econômico extravasam dele e interferem no mundo ideológico. Os governantes são então levados a criar canais que restrinjam a expressão popular e incutam as idéias da classe dominante, como é o caso do DIP. As reordenações se dão de modo diretivo sob a orientação de um Estado autoritário, originado de uma situação nova. Esta resulta basicamente das necessidades sociais advindas da industrialização: combater a ameaça do perigo "comunista" e realizar uma integração nacional capaz de expandir internamente um capitalismo limitado pelas amarras do domínio externo e pela debilidade do mercado interno.[46]

Nos governos posteriores ao de Getúlio Vargas alguns institutos de Relações Públicas foram mantidos, mas suavizados. É o caso, por exemplo, do programa "A Voz do Brasil", que permanece até hoje. Não dispomos de dados concretos das Relações Públicas neste período que antecedeu 1964. No entanto, parece-nos que é nos períodos de ditadura que são mais caracterizadas as estruturas de comunicação no Brasil. O DIP funcionou no período da ditadura de Getúlio Vargas e, nos governos militares pós 1964, também são instituídas estruturas de comunicação.

No governo militar do Marechal Costa e Silva, com preocupações declaradas de Relações Públicas, foi criada a AERP — Assessoria Especial de Relações Públicas da Presidência. Na verdade, o trabalho de Relações Públicas no governo Costa e Silva começou com a formação de um Grupo de Trabalho de Relações Públicas quando Costa e Silva foi designado para substituir Castelo Branco. O grupo de trabalho, extinto quando Costa e Silva assumiu a Presi-

---
44. Idem, p. 129.
45. Idem, p. 133.
46. PERUZZO, Dilvo. *Brasil: da crise de 1929 ao Estado Novo.* p. 86. (mimeog.)

dência em março de 1967, se propôs: "a) Fixação de temas (ou técnicas) que serão a base da ação do grupo, considerando-se tanto o próximo governo (aspecto político-administrativo) como o presidente e sua esposa (aspecto pessoal); b) levar ao presidente sugestões sobre seu comportamento até a posse; c) estudo da conveniência de campanhas promocionais; d) oferecimento de sugestões para aplicação no próximo governo de modo a conquistar a opinião pública; e) divulgação e informação tanto sobre a pessoa do presidente como seus planos de governo; f) estudo da estrutura, em nível presidencial, de um órgão de relações públicas para funcionar no próximo governo".[47]

Cerca de 6 (seis) meses depois que Costa e Silva assumiu a presidência, esse último item foi transformado em realidade com a criação da AERP, sob o comando do Coronel Ernani D'Aguiar. Os objetivos do grupo de trabalho continuam sendo de modo geral os da AERP, cuja duração foi curta como o foi o período do governo Costa e Silva, mas nesta fase é que foram criadas as bases do sistema de comunicação social do governo que permanece até hoje.[48] Embora o grupo de trabalho tenha tido como preocupação central a imagem pessoal de Costa e Silva, a origem do trabalho estava carregada de preocupações políticas: "Um governo digno, honrado, austero e de autoridade, com o receio de praticar demagogia, deixou de dialogar com o povo, deixou de informá-lo. Deixou de esclarecê-lo, não procurou persuadi-lo, conquistá-lo e integrá-lo aos seus alevantados ideais. Em conseqüência, tornou-se impopular e, mais do que isso, malquisto, por todas as classes sociais e todos os setores da vida nacional".[49]

Diante disso e acrescentando preocupações com a visão do Brasil no exterior: "mal informado e sofrendo a ação deliberada do comunismo internacional, julgam o Brasil uma rígida ditadura",[50] o grupo de trabalho se propunha a seguinte missão:

> "Informar a Nação brasileira da real situação do País; das intenções do futuro governo [Costa e Silva] e, sobretudo, de suas grandes metas;
> "Motivar a massa, conquistar e manter sua boa vontade e esperança, para o presidente eleito;

---

47. RAMPAZZO, Gilnei. A imagem oficial, retocada para o consumo. *O Estado de S. Paulo.* 16 outubro 1977, p. 8.
48. Idem, p. 8.
49. Idem, p. 8.
50. Idem, p. 8.

"Esclarecer a opinião pública nacional, de preferência *a priori*, procurando influir em sua ação e integrá-la com o futuro governo, visando à felicidade do Brasil;

"Auxiliar na neutralização da ação subversiva e corruptora;

"Cooperar na informação e esclarecimento da opinião pública internacional e formar uma imagem positiva do presidente eleito."[51]

Porém, a afirmação do trabalho de Relações Públicas do governo militar só se dá durante o governo de Emílio Garrastazu Médici, quando atuou o General Toledo de Camargo. Neste período buscou-se afirmar uma popularidade em torno de Médici. Foi feito, por exemplo, um alardeamento em torno de suas idas aos campos de futebol com um rádio de pilha. Recorda o jornalista Gilnei Rampazzo: "enquanto a televisão era invadida por anúncios do governo, enquanto a Transamazônica, ponte Rio-Niterói, mar de 200 milhas eram alardeados por todos os cantos, a Secretaria de Imprensa era considerada uma atividade secundária".[52] O que, segundo G. Rampazzo, se inverteu com a posse do General Ernesto Geisel na presidência. Quando Geisel "colocou um dos homens de sua mais estreita relação no lugar que passou a chamar Assessoria de Imprensa e Relações Públicas, deixou clara sua intenção, confirmada pela atuação de Humberto Barreto, de uma cordialidade então esquecida pelos jornalistas, depois dos cinco anos de marginalização da era Médici. Quando decidiu reativar, porém, o trabalho de relações públicas, Geisel foi buscar de volta, em fevereiro de 1976, o mesmo Coronel Camargo".[53] Com a denominação ARP — Assessoria de Relações Públicas — o serviço de Relações Públicas, segundo Toledo de Camargo, tem como "idéia-força o desenvolvimento", desenvolvido em três níveis: "o primeiro é a educação informal, tratando os temas como saúde, educação, higiene, técnicas de trabalho, com o objetivo de melhorar as condições de vida e, com isso, a força de trabalho. O segundo é o fortalecimento do caráter nacional, do amor ao trabalho, do patriotismo, o que justifica claramente o *slogan* 'o Brasil é feito por todos nós'. (...) O terceiro nível de colaboração [da comunicação] para o desenvolvimento é a esperança",[54] expresso no *slogan* "este é um país que vai pra frente".

---

51. Idem, p. 8.
52. Idem, p. 8.
53. Idem, p. 8.
54. Idem, p. 8.

Fica claro, portanto, que nestes períodos busca-se a sintonia entre população e governo. Governos que se impuseram por vias não democráticas para preservar as condições favoráveis à acumulação capitalista, utilizando todos os meios disponíveis para neutralizar a ação daqueles que não consentiam. Utilizaram-se também as Relações Públicas na busca do consenso, da legitimidade para um regime descolado das reais necessidades e interesses da maioria da população.

Porém, diante do movimento das camadas dominadas buscando novos espaços, já no governo do General João Batista Figueiredo, com a "abertura política" reclamada até por fração do governo identificada com setores da classe dominante que acredita na necessidade de "abertura" do regime para garantir a permanência do modo de produção, altera-se a proposta de relações do governo com a sociedade. No início do ano de 1979 é criada no âmbito do Governo Federal a SECOM — Secretaria de Comunicação Social —, a nível de ministério, reproduzindo-se depois nos governos estaduais e municipais. Em fins de 1980 o cargo de Ministro da Comunicação Social foi extinto e a Secretaria sofreu alterações burocráticas, permanecendo a estrutura operacional. Algumas das diretrizes da SECOM são:

> "A abertura política altera profundamente as relações entre o Estado e a sociedade;
> "No regime democrático, o povo tem o direito de saber o que fazem os seus mandatários; por que o fazem; que ônus e benefícios decorrerão dos atos do governo;
> "A participação voluntária do público é indispensável à solução dos grandes problemas nacionais;
> "Conseqüentemente é dever do Estado motivar os cidadãos para sua participação ativa na vida comunitária, social, cultural e política da Nação, bem assim promover o civismo e a identificação dos cidadãos com a História e a cultura nacionais;
> "Por outro lado, a eficácia de qualquer ato (...) depende em larga escala de que o povo os compreenda. (...)
> "Ao sistema de Comunicação Social do Poder Executivo corresponderá a dupla tarefa de informar e motivar o público; (...)
> "Na medida em que digam respeito ao bem comum, os negócios do Estado deverão ser conduzidos com pleno conhecimento da sociedade; (...) ressalvando (...)
> "Quanto a situações em que a revelação inoportuna dos fatos possa prejudicar os interesses nacionais".[55]

---

55. *O ESTADO DE S. PAULO*. As diretrizes. 27 maio 1979, p. 39.

Enquanto se prega a necessidade da informação por parte do governo e da necessidade de participação da população "na solução dos grandes problemas nacionais",[56] na prática quando se põe a questão das usinas nucleares, por exemplo, além de restringirem as informações, o processo de instalação das usinas continua mesmo sob o protesto de camadas populares. Mesmo em seu discurso, as diretrizes da SECOM, ao expressarem a necessidade da comunicação (que entendemos no sentido em que implica reciprocidade) entre governo e a população, refletem também o poder do Estado em direcionar mensagens na concepção de mundo dominante. Como dizíamos no artigo já mencionado, e aqui ampliamos a análise, ao "promover o civismo e a identificação dos cidadãos com a História e a cultura nacionais",[57] o que se pretende é incutir idéias visando manter a aparente harmonia social, com a história contada pela classe dominante e com a cultura trabalhada também pela classe dominante sob o ponto de vista da dominação.

O Estado, ao resguardar do conhecimento da sociedade a revelação de fatos que "possam prejudicar os interesses nacionais",[58] está impedindo que a sociedade participe de todos os assuntos de interesse nacional, está negando, à discussão pública, determinados assuntos. Em sendo assuntos de interesse nacional, não deveriam ser amplamente tratados por toda a sociedade brasileira? Se a opinião pública só existe "quando os indivíduos de uma sociedade têm acesso livre e total às informações da atualidade, e, em conseqüência, podem formular opiniões autoconscientes",[59] "resta-nos duvidar da existência da opinião pública não deturpada quando é negada a discussão pública de determinados assuntos e, mais precisamente, quando as informações divulgadas refletem apenas a opinião dos dirigentes".[60]

Na verdade, "o interesse nacional é invocado pelo Estado quando resolve convencer a nação a aceitar uma despesa ou um projeto que não lhe agradam. Quando os partidos ou os interesses se opõem, o Estado invoca o interesse nacional, oposto aos interesses particulares. O interesse nacional é então a vontade do Estado. É o interesse da nação porque o Estado assim decidiu. (...) O interesse

---
56. Idem.
57. Idem.
58. Idem.
59. BRYCE. Citado por MELO, José Marques de. *Comunicação, opinião e desenvolvimento.* p. 53.
60. PERUZZO, Cicilia M. Krohling. Hegemonia e relações públicas. *Revista Comunicação e Sociedade.* n.º 2, p. 178.

nacional serve para negar ou dissimular os interesses de classes. Apela para o interesse nacional a fim de forçar as classes a renunciar à defesa de seus interesses, e simultaneamente para tentar encobrir o caráter de poder de decisão assumido pelo Estado. Quanto mais um Estado se opõe aos interesses das maiorias, mais ele invoca o interesse nacional".[61]

As expressões "interesse nacional", "objetivos nacionais", como esclarece Pe. Joseph Comblin, são usadas como sinônimos estando associados à "segurança nacional", ao "desenvolvimento", ou ao que no Brasil muito se propagou: "segurança e desenvolvimento". Esses conceitos são oriundos da "Doutrina da Segurança Nacional" que "vem diretamente dos Estados Unidos" [62] — metrópole capitalista — estreitamente ligada à "guerra fria". Sua origem "está na base da política denominada 'Doutrina Truman', enunciada em 1949".[63] No Brasil, os objetivos nacionais são:

"Integridade territorial: preservar o território nacional em toda sua extensão, mantendo suas fronteiras atuais.

"Integridade nacional: consolidar toda a comunidade nacional (língua, ascensão moral, mistura racial e supressão das desigualdades sociais) graças a um espírito de solidariedade crescente entre todos os seus membros, sem preconceitos de qualquer natureza, com uma participação consciente e ativa no esforço comum para preservar os valores que caracterizam a personalidade cultural brasileira, tradicionalmente cristã.

"Democracia: adotar como regime político aquele que é baseado nos princípios democráticos, em concordância com a realidade brasileira.

"Progresso: conquista, em todos os planos da atividade nacional, de níveis de vida compatíveis com os melhores modelos existentes no mundo e realizados graças aos recursos materiais e humanos do País.

"Paz social: estabelecer um sistema de vida fundamentado na harmonia e solidariedade e resolver os conflitos de interesses entre os indivíduos, grupos e classes sociais sob a égide do Direito, da Justiça social, dos Valores morais e espirituais.

"Soberania: manter a Nação intangível, assegurando sua capacidade de autodeterminação e sua coexistência com as outras nações em termos de igualdade de direitos e possibilidades." [64]

---

61. COMBLIN, Pe. Joseph. *A ideologia da segurança nacional.* p. 231.
62. Idem, p. 14.
63. Idem, p. 39.
64. GURGEL, J. A. Amaral. Citado por COMBLIN, Pe. Joseph. *A ideologia da segurança nacional.* p. 51 e 52.

Ainda segundo o Pe. Joseph Comblin, os objetivos nacionais em diferentes países sob a influência da Doutrina de Segurança Nacional são equivalentes: "As variações entre um país e outro são apenas questão de palavras"[65] pois têm uma unidade: "o que dá unidade a todos esses objetivos e o que os torna parecidos é que estão todos ameaçados pelo comunismo".[66] Assim, "a segurança nacional é a força do Estado presente em todos os lugares em que haja suspeita do fantasma do comunismo".[67]

Desse modo, no processo da "abertura política" as Relações Públicas expressam a fragilidade da liberalização política. Têm como mola mestra a manutenção do modo de produção capitalista.

Assim como na "guerra fria" ao invés de canhões utilizam-se técnicas de Relações Públicas, no âmbito do território nacional elas são utilizadas pelo Estado para estabelecer o comprometimento das camadas dominadas com os interesses da burguesia nacional e internacional.

O dia-a-dia das ações do governo está permeado pelas Relações Públicas, nos aspectos cerimoniais, notas oficiais, entrevistas coletivas ou declarações dos membros do governo através dos meios de comunicação de massa. O porta-voz do presidente, ao conceder entrevistas à imprensa, está informando sobre temas de interesse da nação, o que tem grande valor para a sociedade. Porém, ele trabalha e seleciona as informações, dá somente a versão que interessa ao governo sobre fatos e, quando for o caso, procura tranqüilizar a nação sobre temas polêmicos. Tudo isso são Relações Públicas. Do mesmo modo faz Relações Públicas qualquer outro membro do governo. E isso é previsto pelas Relações Públicas que, com a característica "onipresença", se encarregam de envolver todas as pessoas, no caso, que participam do governo, na política de Relações Públicas. Como afirmou Said Farhat, ex-Ministro da Comunicação Social, um dos objetivos da criação da SECOM "é evitar que o governo fale de maneira contraditória, quando se pronunciem diversas autoridades sobre o mesmo assunto".[68] Espera-se que as partes sejam coerentes com o todo. O que inclui que as Relações Públicas no governo são um esforço para fazer confluir os interesses dos dominados na

---
65. COMBLIN, Pe. Joseph. Idem, p. 51.
66. Idem, p. 53
67. Idem, p. 55.
68. *FOLHA DA TARDE*. Com a palavra, o porta-voz. São Paulo, 3 abril 1979, p. 7.

direção dos interesses dos dominantes. Esta nuance se torna substantiva quando se institui a disciplina obrigatória de "Educação Moral e Cívica", "Organização Social e Política do Brasil" ou "Estudos de Problemas Brasileiros" nos vários níveis de ensino regular no Brasil. É um esforço evidente para assegurar a penetração ideológica impondo a visão de mundo daqueles que assumem o poder de Estado para garantir as condições de produção e reprodução nos moldes capitalistas.

Em suma, organismos da sociedade civil e Estado se completam na função de obter o consenso para estabelecer a hegemonia da classe dominante, para dominarem sem que a dominação seja sentida como tal. Afinal, uma classe pode ser dominante e governante e não ser dirigente. Classe dirigente, ou seja, hegemônica, é a classe que compreende o conjunto dos interesses de todas as classes, consegue "dar o recado" para o conjunto da sociedade. Hegemonia e exercício do poder podem não se realizar concomitantemente pelos que estão no poder. Classe que é hegemônica compreende o todo, tem um projeto político, tem um compromisso ético, moral, que expressa a ideologia, mas que também é expressão da sociedade. É a classe, pois, que tem um compromisso com a sociedade. Como diz A. Gramsci, "o fato da hegemonia pressupõe indubitavelmente que se deve levar em conta os interesses e as tendências dos grupos sobre os quais a hegemonia será exercida; que se forme certo equilíbrio de compromisso".[69]

Se recuperarmos a noção da constituição do Estado e da sociedade civil como processo recíproco, vem à tona a questão da ideologia e da hegemonia da classe dominante uma vez que, para a concretização de seu projeto de sociedade, conta com o consentimento da sociedade. E revoluções burguesas demonstram o consentimento de camadas dominadas seja por aliança ou coerção. Porém, o consenso de camadas dominadas em torno dos interesses burgueses é um consenso que traz em seu bojo a marca da alienação, mas é histórico.

---

69. *Maquiavel, a política e o Estado moderno.* p. 33.

CAPÍTULO V — RELAÇÕES PÚBLICAS NA CONTRAMÃO

Nos capítulos anteriores nossa abordagem privilegiou as Relações Públicas feitas pela classe dominante. No entanto, a dinâmica social não termina com as manifestações da classe dominante. A classe dominada também está em movimento.

A sociedade burguesa é estruturalmente contraditória e, na medida em que se desenvolve o capitalismo, desenvolve-se a contradição entre as forças produtivas e as relações sociais de produção. Entre a socialização na produção e a privatização do produto do trabalho. Daí a luta de classes.

E se a luta de classes é o motor da história, a revolução burguesa e a revolução operária estão imbricadas. O novo vai se constituindo dentro do corpo do velho, que antes era novo e vai se tornando velho. A revolução operária constitui-se e convive com a revolução burguesa e conquista direitos burgueses e revolucionários, uma vez que as revoluções são específicas de cada país e têm sido inacabadas. São inacabadas pois umas dimensões se desenvolvem e outras não, devido às condições concretas, condições histórico-sociais do desenvolvimento das sociedades que levam ao desenvolvimento contraditório dessas mesmas revoluções.

Dentro desse processo, a sociedade burguesa democrática não o é porque a burguesia é democrática, mas pelas pressões populares em conjunto ou de classe, que forçam a burguesia a fazer concessões, para sua sobrevivência.

Pensando em termos de Brasil, convivemos hoje numa sociedade em convulsão: de um lado os trabalhadores se articulando, fazendo greves, acontecendo invasões de terras, crescendo os movimentos populares, ou seja, os dominados reivindicam direitos, denunciam a exploração e anunciam a necessidade de mudança. De outro lado, a classe dominante, denunciando quem denuncia e anunciando a preservação do que está estabelecido, consentindo e acenando com mudanças até o ponto em que não põem em perigo a supremacia da burguesia. Pressionada pelas forças populares ela atende algumas reivindicações para tardar o envelhecimento do seu projeto de sociedade.

Enquanto a burguesia luta para preservar o modo de produção capitalista, os trabalhadores vão abrindo espaço na direção de nova hegemonia. Enquanto a classe dominante viabiliza esforços de Relações Públicas, que, apesar de benefícios imediatos, visa comprometer a classe dominada com os interesses dominantes, os dominados resistem.

Por exemplo, nas empresas nem toda força de trabalho participa dos programas de Relações Públicas, ou, se participa, o faz enquanto deles se beneficia, mas sem ceder à cooptação. A força de trabalho percebe a dominação e percebe as formas adotadas para "ganhar" os trabalhadores e submetê-los aos interesses do capital. Capital é valor que se recria através da mais-valia e, para que seja possível a apropriação privada da mais-valia, é preciso preservar as condições de sua exploração. Mas, o capital, ao juntar trabalhadores num mesmo local e ao submeter a maioria da população na posição de subordinação no processo produtivo, cria condições para sua própria negação. Os trabalhadores se articulam, tomam consciência da exploração e partem à ação: procuram se organizar, discutem sua práxis, fazem greve e, no Brasil, acontece em 1981 a 1.ª CONCLAT — Conferência da Classe Trabalhadora — na qual é criada a CUT — Central Única dos Trabalhadores.

Então, sem negligenciar a potencialidade das Relações Públicas, não há que se absolutizá-las e reificá-las, visto que elas se inserem na trama das relações sociais, as quais são históricas e contraditórias. Há também que se ter presente a capacidade histórica de consciência, articulação e ação dos trabalhadores, portanto sua potencialidade revolucionária.

As Relações Públicas quando a serviço da classe dominante são, na verdade, como ato pedagógico também um ato político, não crítico libertador. A ação educativa das Relações Públicas a serviço da classe dominante se insere na concepção "bancária" da educação.

Segundo Paulo Freire, a educação "bancária" torna o "educando" passivo e adaptado. O que importa é depositar informes, procurando evitar a reflexão crítica. "A inquietação fundamental dessa (...) concepção é evitar a inquietação. É frear a impaciência. É mistificar a realidade. É evitar a desocultação do mundo. É tudo isso a fim de adaptar o homem." [1]

Enquanto as Relações Públicas a serviço da classe dominada se inserem na concepção "libertadora" da educação. Esta problematiza, desmistifica a realidade desocultando-a. "Em lugar do homem-coisa, adaptável, luta pelo homem-pessoa, transformador do mundo." [2]

Mas, as Relações Públicas sob a ótica da dominação são também contraditórias. Com sua potencialidade de afirmação das condições de exploração, elas trazem também uma potencialidade para a negação da exploração ao revelarem, mesmo que implicitamente, os interesses burgueses e os elos entre os dominantes. Elas revelam os interesses burgueses e os elos entre o dominantes, por exemplo, no concurso "operário-padrão", tal como já analisamos. Revelam interesses burgueses ao promoverem programas para as famílias dos trabalhadores, ao estabelecerem canais de comunicações ascendentes e descendentes. E assim podemos aproveitar suas revelações para melhor compreender a dinâmica da sociedade.

Por outro lado, há indicações de que no modo de produção socialista e em movimentos populares também se fazem Relações Públicas. Porém, é de fundamental importância que percebamos que aí elas são direcionadas por outra concepção de mundo.

A utilização de Relações Públicas, tanto no modo de produção socialista, quanto nos movimentos populares dentro do modo de produção capitalista, carece de pesquisas. Esta questão deve ser estudada. Estamos nos desafiando em continuar estudando esta problemática e estendemos este desafio aos pesquisadores. Não nos propomos examiná-la em profundidade neste momento. Apenas colocamos brevemente o nosso posicionamento quanto à possibilidade de utilização de Relações Públicas pelos movimentos populares.

---

1. O papel da educação na humanização. *Revista Paz e Terra.* n.º 9, p. 129. Ver também FREIRE, Paulo. *Pedagogía del oprimido.* cap. II.
2. Idem, p. 130.

Participando do painel "Relações Públicas — como servir aos interesses populares", durante o IX Congresso de Comunicação Social, em 1980,[3] já afirmávamos acreditar na possibilidade de utilização de Relações Públicas pelos movimentos populares, desde que fundamentadas por outra concepção de mundo, com outros objetivos e feitas por intelectuais orgânicos à classe dominada.

Convivemos hoje com uma efervescência crescente de movimentos populares, com os dominados se articulando através dos movimentos de custo de vida, movimento sindical, movimento de favelados, clubes de mães, comunidades eclesiais de base, pastoral da terra, sociedade amigos de bairro, movimento feminista, movimento ecológico e outros. Nas suas reivindicações para satisfazer necessidades imediatas os movimentos populares revelam compreensão da sociedade e uma postura política na perspectiva de mudança social. Por exemplo, esta postura foi colocada pelos trabalhadores metalúrgicos durante a greve de abril/maio de 1980: "Todo mundo compreende hoje o problema de que patrão, polícia e governo é tudo farinha do mesmo saco e que não adianta fazer só greve, porque a greve sozinha pode resolver alguma coisa, mas não vai resolver tudo. Não vai resolver a necessidade de termos um governo justo e não esse que está aí. Porque a gente sabe que o esquema deles contra a gente não acontece só durante a greve, acontece todos os dias. A ditadura dentro das fábricas tem aumentado muito. E a gente sabe que isso aí acontece porque o patrão tem um amigo importante que é o governo. E sabe agora que não vai conseguir derrotar o patrão se não conseguir derrotar esse governo também".[4]

Dentro de organismos da sociedade civil, intelectuais orgânicos (todo homem é intelectual) da classe dominada procuram traduzir a luta dos dominados. A igreja católica faz sua opção pelos oprimidos. Setores da igreja apóiam movimentos populares. Especificamente quanto a esse apoio durante a greve dos metalúrgicos de 1980, os trabalhadores afirmam: "Quando a Igreja apoiou o movimento, ela rompeu, definitivamente, aquele negócio de que ela estava do lado do patrão. Aquele sentido de conformismo que foi dado pela Igreja durante muitos e muitos anos foi rompido na hora que

---

3. Algumas idéias aqui desenvolvidas já foram expostas durante o referido painel.
4. CADERNOS DO TRABALHADOR. 41 dias de resistência e luta. n.º 1, p. 35.

os próprios bispos [5] apoiaram o nosso movimento e passaram a falar que o negócio é lutar mesmo, que a verdade cristã é a luta e que é preciso romper com esse sistema capitalista. (...) A Igreja cresceu também. Junto com o movimento, a Igreja foi crescendo, foi evoluindo".[6]

Nos movimentos populares, neste processo de luta, Relações Públicas podem ser úteis. Como? José J. Queiroz, durante o painel já referido, advertiu: "Também para 'relações públicas' — técnico e técnicas — pode soar a 'hora da libertação'. Podem sacudir o jogo da ideologia que os domina, mudando de ótica e de lugar. Do serviço ao opressor, podem passar a colaborar com o oprimido e, junto com ele, libertar a sociedade. [Para isso requer-se:] 1.º) uma *mudança existencial*. O 'relações públicas' há de ser um verdadeiro ser de relações. Relembro a distinção que fala Paulo Freire entre o ser de relações e o ser de contatos.[7] Quando serve ao fetiche, o 'relações públicas' se definiria melhor como um ser de contato. (...) 2.º) *sacudir a passividade política*. Compenetrar-se de seus direitos e deveres como profissional e cidadão no contexto em que vivemos. 3.º) *reconhecer-se como classe* e procurar atuar grupalmente para fazer seus direitos reconhecidos. (...) 4.º) *estudar possíveis alianças com as classes subalternas*. Isso é possível quando os objetivos do 'relações públicas' coincidirem com os das classes subalternas: a transformação sócio-econômica-política em vista de uma sociedade justa e livre. 5.º) *oferecer suas técnicas para as classes subalternas*. Nesta tarefa, a metodologia indispensável a se adotar é a metodologia da troca. Ela supõe que nem o intelectual nem o povo sejam donos absolutos da verdade. Ambos estão a caminho dela. Daí, o 'relações públicas' respeitará a criatividade e o jeito de se relacionar que é próprio do povo. E trocará com ele

---

5. Referem-se especificamente a Dom Cláudio Humes e Dom Paulo Evaristo Arns.
6. CADERNOS DO TRABALHADOR. 41 dias de resistência e luta. n.º 1, p. 43.
7. "O conceito de relações, da esfera puramente humana, guarda em si (...) conotações de pluralidade, de transcendência, de criticidade, de conseqüência e de temporalidade. As relações que o homem trava no mundo com o mundo (...) apresentam uma ordem tal de características que as distinguem totalmente dos puros contatos, típicos da outra esfera animal. Entendemos que, para o homem, o mundo é uma realidade objetiva, independente dele, possível de ser conhecida. (...) [o homem é um] ser de relações e não só de contatos. Não apenas está no mundo, mas com o mundo." FREIRE, Paulo. *Educação como prática da liberdade*. p. 39.

o próprio saber. Algumas pistas concretas [da utilidade de Relações Públicas a serviço da classe dominada] são:

"ajudar os movimentos a melhorarem a própria imagem diante do público;

"ajudá-los a tornar aceitáveis os seus programas e objetivos: por exemplo, mostrando como esses programas satisfazem às aspirações públicas, que o caminho que trilham é adequado, que suas intenções são honestas, etc.;

"ajudar o bom fluxo de comunicações dentro dos movimentos populares: liderança-base, base-liderança;

"ajudar a prever as possíveis reações do público diante dos movimentos reivindicatórios das classes subalternas;

"ajudar as classes subalternas e os movimentos populares a comunicarem entre si seus propósitos e realizações e, quando oportuno, ajudá-los a patentear esses propósitos ao outro pólo".[8]

Para a realização destas propostas cabe o aproveitamento de Relações Públicas:

a) Nas relações com organismos da sociedade civil a fim de sensibilizar e encontrar apoio para a causa dos oprimidos. Aqui, são importantes as relações com os meios de comunicação de massa para conseguir cobertura jornalística.

b) No estabelecimento de canais de comunicação entre os dominados.

c) Na preparação e aplicação de pesquisas para conhecer as necessidades e posicionamentos de camadas populares, ou a reação de outros setores da sociedade, frente às reivindicações dos oprimidos, ou para prever momentos e circunstâncias em que a luta deve avançar ou não.

d) Na preparação de jornais murais e todo e qualquer tipo de meio de comunicação.

e) Na preparação de eventos: grupos de teatro, reuniões, palestras, festas, etc.

f) No encaminhamento de reivindicações populares, nas relações com órgãos do Executivo, partidos políticos e órgãos do Judiciário.

g) Na documentação da história dos dominados.

---
8. QUEIROZ, José J. *Relações públicas a serviço dos interesses populares*. p. 2 e 3 (mimeog.).

O leque das Relações Públicas sob a ótica popular se abre em múltiplas direções. Conservando sua especificidade, elas se imbricam com outras atividades como o jornalismo, a sociologia, a política e outras.

Não dispomos de dados sistematizados de pesquisa, mas é patente que os movimentos populares já fazem Relações Públicas. Quando da ocupação de terras da Agro Comercial Ipê Ltda. em Guaianases, São Paulo, os "invasores" fizeram Relações Públicas ao distribuírem aos moradores da região um panfleto explicando os motivos da ocupação das terras e pedindo apoio popular. O texto é o seguinte: "Não temos emprego. Aqueles que recebem salários não têm condições de pagar aluguel, que não pára de subir. Mal conseguimos pagar a condução e trazer um pouco de comida para casa. Resolvemos construir nossos barracos nestas terras que ao povo pertencem. Nossas mulheres e filhos não podem morar na rua. Somos trabalhadores brasileiros e reivindicamos o mais simples dos direitos: o direito de moradia, que hoje é problema de milhões de brasileiros. Pedimos o apoio de todo o povo. Enviem-nos material de construção, agasalho, comida e gente para ajudar na nossa luta. Não somos grileiros, somos trabalhadores que precisam de casa para morar. Contamos com apoio. Jardim Quisisana, 2/10/81".[9]

Em suma, as Relações Públicas estão em conexão com atividades jornalísticas, na elaboração e distribuição de folhetos, boletins, volantes, jornais, etc. Estão nos contatos pessoais, na preparação de reuniões, de jornais murais, etc.

Nas Relações Públicas servindo os interesses populares é importante que as pensemos não como uma atividade isolada, mas junto com outras atividades e dentro do processo de desenvolvimento da luta das camadas dominadas. As atividades vão depender do estágio em que se encontra o movimento popular em nível de consciência de classe.[10] Os interesses da classe dominada são, em última instância, a desalienação, a superação da dominação e a formação de uma sociedade sem o domínio do capital. Mas, tal interesse não se coloca claramente de uma só vez. A transformação social é um processo e as Relações Públicas populares têm que estar dentro do processo.

---

9. *FOLHA DE SÃO PAULO.* Invasores se organizam e pedem apoio popular. São Paulo, 3 outubro 1981, p. 9.
10. PERUZZO, Cicilia M. Krohling. *Relações públicas: como servir aos interesses populares.* p. 4 (mimeog.).

Cumpre à classe dominada se apropriar, cada vez mais, de técnicas de Relações Públicas e fundamentá-las com a sua concepção de mundo que é a revolucionária. Na utilização das Relações Públicas como ato pedagógico, transformá-las em novo ato político.

No segundo capítulo foram vistas afirmações de que as Relações Públicas desempenham uma função educativa e que também são bilaterais, ou seja, portadoras da marca da neutralidade. É mister que se tenha em conta que todo ato educativo não é neutro, mas prenhe do político e do ideológico. O ato educativo das Relações Públicas sob o ponto de vista da classe dominante traz em seu bojo um conteúdo moral e intelectual adequado à perpetuação das relações de produção, ou seja, de uma classe explorando a outra, presente portanto a marca conservadora. Mas, o ato educativo das Relações Públicas sob o ponto de vista da classe dominada traz em seu bojo um conteúdo moral e intelectual adequado à negação destas relações de produção, ou seja, eliminando a exploração de uma classe sobre a outra, presente portanto a marca revolucionária.

Nas Relações Públicas sob a ótica da classe dominada, a pessoa que for trabalhá-las precisa, antes de mais nada, comungar, respirar os interesses da classe dominada, ser um intelectual orgânico. Como todo homem é um intelectual, não precisa ser um profissional de Relações Públicas quem faz Relações Públicas da classe dominada. Ou seja, o intelectual Relações Públicas da classe dominada não precisa necessariamente ser um profissional formado nas escolas que a burguesia tem para a reprodução do modo de produção capitalista, mas se ele tiver uma formação intelectual profunda facilitará certamente a captação e a utilização de técnicas de Relações Públicas que a burguesia já desenvolveu sobejamente. Mas, o intelectual Relações Públicas tem que ter outra dimensão para estar a serviço da classe dominada, ou seja, ser orgânico a ela. Por outro lado, ele não precisa ter feito escolas de nível superior para ser o Relações Públicas. Os movimentos populares têm seus Relações Públicas que são intelectuais por vezes sem escolaridade formal mas que sabem traduzir a proposta da hegemonia dos dominados. De sorte que o intelectual Relações Públicas da classe dominada não é um contratado, um assalariado, simplesmente, da classe dominada. Ele tem que ser muito mais do que isso, ele precisa ser orgânico.

Nestas condições a pessoa que faz Relações Públicas é realmente um "ser de relações", "está com o mundo". "Estar com o mundo resulta de sua abertura à realidade, que o faz ser o ente de relações que é. (...) No jogo constante de suas respostas, [o homem] altera-se no próprio ato de responder. Organiza-se. Escolhe a melhor resposta. Testa-se. Age. Faz tudo isso com a certeza de quem usa uma ferramenta, com a consciência de quem está diante de algo que o desafia. (...) O homem existe [11] — *existere* — no tempo. Está dentro. Está fora. Herda. Incorpora. Modifica. (...) O homem pode ser eminentemente interferidor. Sua ingerência, senão quando distorcida e acidentalmente, não lhe permite ser um simples espectador, a quem não fosse lícito interferir sobre a realidade para modificá-la. Herdando a experiência adquirida, criando e recriando, integrando-se às condições de seu contexto, respondendo a seus desafios, objetivando a si próprio, discernindo, transcendendo, lança-se o homem num domínio que lhe é exclusivo — o da História e o da Cultura. A integração ao seu contexto, resultante de estar não apenas nele, mas com ele, e não a simples adaptação, acomodação ou ajustamento, comportamento próprio da esfera dos contatos, ou sintoma de sua desumanização, implica que, tanto a visão de si mesmo, como a do mundo, não podem absolutizar-se, fazendo-o sentir-se um ser desgarrado e suspenso ou levando-o a julgar o seu mundo algo sobre que apenas se acha. A sua integração o enraíza. Faz dele (...) um ser 'situado e datado'. Daí que a massificação implique o desenraizamento do homem. Na sua 'desestemporalização'. Na sua acomodação. No seu ajustamento." [12]

Diante disso, podemos perceber que a "compreensão mútua", a integração entre desiguais almejada pelas Relações Públicas a serviço da classe dominante, visa adaptar, acomodar, domesticar a classe dominada, provocar nela atitudes reflexas. Estão aí dentro da "esfera dos contatos", e seu ato educativo está dentro da concepção "bancária" da educação. No sentido de integração colocado por Paulo Freire, as Relações Públicas a serviço dos interesses populares não visam a acomodação da classe dominada, mas a sua integração à realidade para transformá-la.

Assim, as Relações Públicas sob a ótica da classe dominada são um processo político-pedagógico não neutro, mas de opção pela li-

---

11. "Existir ultrapassa viver porque é mais do que estar no mundo. É estar nele e com ele. E é essa capacidade ou possibilidade de ligação comunicativa do existente com o mundo objetivo (...) que incorpora ao existir o sentido de criticidade que não há no simples viver. Transcender, discernir, dialogar (comunicar e participar) são exclusividade do existir." FREIRE, Paulo. *Educação como prática da liberdade*. p. 40 e 41.
12. FREIRE, Paulo. *Educação como prática da liberdade*. p. 39 a 42.

bertação, pela superação da alienação, pela libertação de oprimidos. É todo um processo de conscientização de toda trama social criada pela dinâmica histórica. É toda uma articulação dos dominados e mesmo com alianças feitas com os que estão dispostos à superação de uma sociedade desigual e antagônica. E é também uma ação que visa à transformação dessa trama social, que visa à transformação de todas as relações de produção envolvendo as dimensões jurídico-políticas, todo aspecto cultural que obsta à libertação do homem. Quando se fala homem é o indivíduo na sociedade. A sociedade e os indivíduos. Portanto, três dimensões estão presentes nas Relações Públicas populares no processo pedagógico: a conscientização, a articulação e a ação para a construção de um novo homem, de uma nova sociedade. Então, Relações Públicas não são uma simples técnica ou um conjunto de técnicas, mas todo um processo científico em que se busca conhecer, articular e transformar o homem, a sociedade e o mundo para construir o mundo, a sociedade e o homem.

CONCLUSÃO

Os estudos sobre as Relações Públicas na sociedade capitalista mostram que elas visam estabelecer a harmonia entre instituições e seus públicos, e, em sentido amplo, a harmonia social, para assegurar as condições necessárias à acumulação. No entanto, o discurso das Relações Públicas dá a elas um ar de neutralidade, como se estivessem acima dos interesses das classes sociais. Isso ocorre porque na ideologia burguesa os interesses da classe dominante assumem a aparência de interesses de toda a sociedade, dado o imbricamento entre estrutura e superestrutura.

Em seus aspectos teóricos, as Relações Públicas concebem um real fetichizado. Elas se baseiam na pressuposição da igualdade social, onde são notados alguns desvios e as Relações Públicas se propõem a criar harmonia, não levando em conta a desigualdade que existe de fato: uns são proprietários dos meios de produção e outros não. Não se leva em conta essa contradição fundamental e isso é ocultar o básico em cima do qual se dá a luta de classes. Pregam a necessidade de satisfazer interesses de públicos, têm no fundo uma postura liberal porque percebem que as relações sociais se alteram e o capital precisa adaptar-se às novas exigências da sociedade para não ser negado.

Ao estudar as Relações Públicas em si mesmas, ao isolá-las do conjunto das ciências sociais dentro da dinâmica capitalista, e ao não apanhar seus imbricamentos na dialética social, está se seccionando a realidade de tal sorte a perder a visão de conjunto. Perdendo a visão de conjunto deixa-se de ver a realidade e existe a perda da visão da trama das relações sociais. E, assim, o estudo das Relações Públicas, apesar de ter a ver com o real social que está sendo, este real é ideologizado porque não apanha os nexos entre o singular e o universal, entre as partes e o todo, circunscrevendo aquilo que é fenomênico, que é dado, não indo à essência dos acontecimentos, ficando no nível empírico, apanhando só dimensões da realidade, fragmentando-a.

Nas Relações Públicas está ausente a marca da neutralidade. O estudo das Relações Públicas sob a ótica da classe dominante oculta a dinâmica das relações sociais escamoteando as desigualdades, a alienação, a exploração, enfim os antagonismos. Nesta perspectiva, elas não são desveladoras, mas veladoras do real. Visam perpetuar o modo de produção capitalista.

Enquanto isso, o estudo científico das Relações Públicas sob a ótica da classe dominada apanha a totalidade, radicalidade e historicidade das relações sociais. Propicia a captação da trama das relações sociais, tornando transparente a sociedade. Visa superar o modo de produção capitalista e criar uma sociedade onde não exista a alienação, a exploração e os antagonismos.

BIBLIOGRAFIA

AGUIAR, Edson Schettine de. Institucionalização da atividade de relações públicas, problemas e perspectivas. *Revista Relações Públicas*. São Paulo, Brasileiros Associados, 13/14: 14 a 16, set./out. 1979.

ALBUQUERQUE, Adão Eunes. *Planejamento das relações públicas*. Porto Alegre, Acadêmica, 1981.

ANDRADE, Cândido Teobaldo de Souza. *Curso de relações públicas*. 2.ª ed. São Paulo, Atlas, 1977.

――――. Fundamentos das relações públicas governamentais. *Revista Comunicação e Sociedade*. São Paulo, Metodista/Cortez & Moraes, 2: 18 a 26, dez. 1979.

――――. *Panorama histórico de relações públicas*. 2.ª ed. São Paulo, COM-ARTE, 1973. (Série Relações Públicas, 5.)

――――. *Para entender relações públicas*. 2.ª ed. São Paulo, Biblos, 1965.

――――. *Psico-sociologia das relações públicas*. Petrópolis, Vozes, 1975.

A PROFISSÃO DE RELAÇÕES PÚBLICAS NO BRASIL. São Paulo, Federação das Faculdades "Brás Cubas", 1977.

ARRUDA, José Jobson de. *História moderna e contemporânea*. São Paulo, Ática, 1974.

BOGOMOLOVA, N. *Teoria das "relações humanas" — instrumento ideológico dos monopólios*. Venda Nova-Amadora, Novo Curso Editores, 1975. (Coleção 74.)

BOSI, Ecléa. *Cultura de massa e cultura popular — leituras de operárias*. Petrópolis, Vozes, 1972.

BRAVERMAN, Harry. *Trabalho e capital monopolista*. 3.ª ed. Rio de Janeiro, Zahar, 1981.

CADERNOS DO TRABALHADOR. Forjando o aço, forjando a luta. São Bernardo do Campo, ABCD Sociedade Cultural/URPLAN-PUC-SP, 1980. n.º 2.

CADERNOS DO TRABALHADOR. 41 dias de resistência e luta. São Bernardo do Campo, ABCD Sociedade Cultural/URPLAN-PUC-SP, 1980. n.º 1.

CANFIELD, Bertrand R. *Relações públicas.* 2.ª ed. São Paulo, Pioneira, 1970. v. 1 e 2.

CARDOSO, Fernando Henrique. *Política e desenvolvimento em sociedades dependentes.* Rio de Janeiro, Zahar, 1971.

CARONE, Edgard. *A República Nova (1930-1937).* São Paulo, Difusão Européia do Livro, 1974.

CHAUÍ, Marilena de Souza. *O que é ideologia.* São Paulo, Brasiliense, 1980. (Coleção Primeiros Passos.)

CHAUMELY, Jean & HUISMAN, Denis. *As relações públicas.* São Paulo, Difusão Européia do Livro, 1964.

CHAVES, Sylla M. "A persuasão em relações públicas". In: JAMESON, Samuel H. (org.). *Relações públicas.* 2.ª ed. Rio de Janeiro, Fundação Getúlio Vargas, 1962. p. 161 a 163. (Textos Selecionados de Administração Pública, 4.)

---. "Formação do profissional de relações públicas". In: JAMESON, Samuel H. (org.). *Relações públicas.* 2.ª ed. Rio de Janeiro, Fundação Getúlio Vargas, 1962. p. 217 a 224. (Textos Selecionados de Administração Pública, 4.)

---. "Objetivos das relações públicas". In: JAMESON, Samuel H. (org.). *Relações públicas.* 2.ª ed. Rio de Janeiro, Fundação Getúlio Vargas, 1962. p. 87 a 91. (Textos Selecionados de Administração Pública, 4.)

---. "Relações públicas no Brasil". In: JAMESON, Samuel H. (org.). *Relações públicas.* 2.ª ed. Rio de Janeiro, Fundação Getúlio Vargas, 1962. p. 29 a 31. (Textos Selecionados de Administração Pública, 4.)

CHILDS, Harwood L. "Natureza das relações públicas". In: JAMESON, Samuel H. (org.). *Relações públicas.* 2.ª ed. Rio de Janeiro, Fundação Getúlio Vargas, 1962. p. 63 a 66. (Textos Selecionados de Administração Pública, 4.)

---. "O problema básico das relações públicas". In: SIMON, Raymond (org.). *Relações públicas — perspectivas de comunicação.* São Paulo, Atlas, 1972. p. 63 a 71.

COHEN, Percy S. *Teoria social moderna.* Rio de Janeiro, Zahar, 1970.

COMBLIN, Pe. Joseph. *A ideologia da segurança nacional.* Rio de Janeiro, Civilização Brasileira, 1978.

CONSTITUIÇÃO DA REPÚBLICA FEDERATIVA DO BRASIL. 6.ª ed., São Paulo, Atlas, s/d.

COQUEIRO, Márcio Cesar Leal. *Relações públicas.* São Paulo, Sugestões Literárias, 1972.

---. "Relações públicas governamentais". In: ANDRADE, C. Teobaldo de S. (org.). *Mini-anais da II semana paulista de estudos de relações públicas.* São Paulo, USP/Escola de Comunicações e Artes, 1972. p. 47 a 59.

COUTINHO, Carlos Nelson. *Gramsci.* Porto Alegre, L & PM, 1981. (Fontes do Pensamento Político, 1.)

DANTAS, Mercedes. *A força nacionalizadora do Estado Novo*. Rio de Janeiro, DIP, 1942.

D'AZEVEDO, Martha Alves. *Relações públicas — teoria e processo*. Porto Alegre, Sulina, 1971.

DONATO, Hernani. "Relações públicas e cultura de massas". In: *Mini-anais do II seminário de relações públicas*. São Paulo, COM/ARTE, 1973. p. 50 a 61.

DUARTE, Gil. *A paisagem legal do Estado Novo*. Rio de Janeiro, José Olímpio, 1941.

DUMAZEDIER, Joffre. "Trabalho e lazer". In: FRIEDMANN, Georges & NAVILLE, Pierre (org.) com col. de TRÉANTON, Jean-René et alii. *Tratado de sociologia do trabalho*. São Paulo, Cultrix, 1973. v. 2, p. 397 a 427.

EATON, John. *Manual de economia política*. Rio de Janeiro, Zahar, 1965.

ENGELS, Friedrich. *A origem da família, da propriedade privada e do Estado*. 6.ª ed. Rio de Janeiro, Civilização Brasileira, 1980.

—————. "Contribuição ao problema da habitação". In: MARX, Karl & ENGELS, Friedrich. *Obras escolhidas*. São Paulo, Alfa-Ômega, s/d. v. 2, p. 105 a 182.

EVANGELISTA, Marcos Fernando. *Relações públicas — fundamentos e legislação*. 2.ª ed. Rio de Janeiro, Ed. Rio, 1977.

FARO, José Salvador. "A comunicação populista no Brasil: O DIP e a SECOM". In: MELO, José Marques de (coord.). *Populismo e comunicação*. São Paulo, Cortez, 1981. p. 85 a 94.

FAUSTO, Boris. *A revolução de 1930*. 5.ª ed. São Paulo, Brasiliense, 1978.

FERNANDES, Florestan. *A revolução burguesa no Brasil*. Rio de Janeiro, Zahar, 1975.

FOLHA DE SÃO PAULO. Invasores se organizam e pedem apoio popular. São Paulo, 3 out. 1981, p. 9.

—————. Volks anuncia o sistema de representação. São Paulo, 11 set. 1980, p. 19.

—————. Volks quer sindicato paralelo, afirma Lula. São Paulo, 12 set. 1980, p. 14.

FREDERICO, Celso. *Consciência operária no Brasil*. 2.ª ed. São Paulo, Ática, 1979.

FREIRE, Paulo. *Educação como prática da liberdade*. 12.ª ed. Rio de Janeiro, Paz e Terra, 1981.

—————. *Extensão ou comunicação*. 3.ª ed. Rio de Janeiro, Paz e Terra, 1977.

—————. "Papel da educação na humanização". In: *Revista Paz e Terra*. Rio de Janeiro, Paz e Terra, 9: 123 a 132, s/d.

—————. *Pedagogía del oprimido*. 8.ª ed. Argentina, Siglo Veintiuno, 1973.

GARGANTINI, Luis B. *Relaciones públicas gubernamentales*. Buenos Aires, Plus Ultra, 1968.

GERAS, Norman. "Essência e aparência: aspectos da análise da mercadoria em Marx". In: COHN, Gabriel (org.). *Sociologia: para ler os clássicos.* Rio de Janeiro, Livros Técnicos e Científicos, 1977. p. 259 a 282.

GOLDMANN, Lucien. *Dialética e cultura.* 2.ª ed. Rio de Janeiro, Paz e Terra, 1979.

GONÇALVES, José Antonio Pires. *Subsídios para implantação de uma política nacional de desportos.* Brasília, Departamento de Educação Física, Esportes e Recreação do Governo do Distrito Federal, 1971. n.º 1.

GRAMSCI, Antonio. "Alguns temas da questão meridional". In: *Revista Temas de Ciências Humanas.* São Paulo, Grijalbo, 1: 19 a 45, 1977.

—————. *Concepção dialética da história.* 2.ª ed. Rio de Janeiro, Civilização Brasileira, 1978.

—————. *Maquiavel, a política e o Estado moderno.* 3.ª ed. Rio de Janeiro, Civilização Brasileira, 1978.

—————. *Os intelectuais e a organização da cultura.* 2.ª ed. Rio de Janeiro, Civilização Brasileira, 1978.

GRUPPI, Luciano. *O conceito de hegemonia em Gramsci.* Rio de Janeiro, Graal, 1978.

GUIA BRASILEIRO DE RELAÇÕES PÚBLICAS. São Paulo, ABRP, 1979/1980.

IANNI, Octávio. *Imperialismo e cultura.* 2.ª ed. Petrópolis, Vozes, 1976.

INFORMATIVO. Santo André, Divisão de Comunicação Social da Companhia Telefônica da Borda do Campo, junho 1980. n.º 50.

INFORMATIVO. Santo André, Divisão de Comunicação Social da Companhia Telefônica da Borda do Campo, julho 1980. n.º 51.

JORNAL DA TARDE. Com a palavra o porta-voz. São Paulo, 3 abril 1979, p. 7.

KOSÍK, Karel. *Dialética do concreto.* 2.ª ed. Rio de Janeiro, Paz e Terra, 1976.

LEITE, Roberto de Paula. *Relações públicas.* São Paulo, José Bushatshky, 1971.

LENIN, V. I. *O Estado e a revolução.* São Paulo, Hucitec, 1978.

LOPES, Juarez Rubens Brandão & SOUZA, May Nunes de (col.). "Informação e organização: um estudo de uma empresa industrial". In: LOPES, Juarez Rubens Brandão. *Sociedade industrial no Brasil.* 2.ª ed., São Paulo, Difusão Européia do Livro, 1971. p. 96 a 133.

MACCIOCHI, Maria-Antonieta. *A favor de Gramsci.* 2.ª ed. Rio de Janeiro, Paz e Terra, 1977.

MARCINI, Luiz Carlos. "Relações públicas — uma atividade de duas faces". In: JAMESON, Samuel H. (org.). *Relações públicas.* 2.ª ed. Rio de Janeiro, Fundação Getúlio Vargas, 1962. p. 67 a 76. (Textos Selecionados de Administração Pública, 4.)

MARTINS, José de Souza. *Sobre o modo capitalista de pensar.* 2.ª ed. São Paulo, Hucitec, 1980. (Coleção Ciências Sociais.)

MARX, Karl. *Contribuição à crítica da economia política.* São Paulo, Martins, Fontes, 1977.

——————. "Manuscritos econômicos e filosóficos". In: FROMM, Erich. *Conceito marxista do homem.* 5.ª ed. Rio de Janeiro, Zahar, 1970. p. 83 a 170.

——————. *O capital.* Rio de Janeiro, Civilização Brasileira, s/d. l. 1, v.1 e 2.

——————. "Salário, preço e lucro". In: MARX, Karl & ENGELS, Friedrich. *Textos.* São Paulo, Edições Sociais, s/d. v. 3, p. 333 a 378.

MARX, Karl & ENGELS, Friedrich. *A ideologia alemã.* 3.ª ed. Portugal, Presença, 1976. v. 1.

MATRAT, Lucien & CARIN, Alec. *As relações públicas — motor da produtividade.* Lisboa, Sampedro, s/d.

MATTELART, Armand. *Comunicación y nueva hegemonía.* Lima, CEDALEC/ CEDEE, 1981.

MELO, José Marques de (coord.). *Comunicação e classes subalternas.* São Paulo, Cortez, 1980.

——————. *Comunicação, opinião e desenvolvimento.* 3.ª ed. Petrópolis, Vozes, 1977.

——————. *Comunicação social — teoria e pesquisa.* 3.ª ed. Petrópolis, Vozes, 1973.

MONROY, Lorenzo; LLERANDI, Felipe et alii. *Temas de publicidad y relaciones públicas.* Venezuela, Universidad Central de Venezuela, 1959.

MORAES FILHO, Evaristo de. *O problema do sindicato único do Brasil.* Rio de Janeiro, A Noite, 1952.

MORAIS, Jomar José Costa. O outro lado dos jornais de empresa. *Revista Comunicação e Sociedade.* São Paulo, Metodista/Cortez, 4: 19 a 35, out. 1980.

MOTA, Carlos Guilherme (org.). *Brasil em perspectiva.* 5.ª ed. São Paulo, Difusão Européia do Livro, 1974.

NETTO, José Paulo. *Capitalismo e reificação.* São Paulo, Ciências Humanas, 1981.

NOTÍCIAS VILLARES. São Paulo, Departamento de Sistemas e Métodos da Administração Geral das Empresas Villares, junho 1981. n.º 125.

O ESTADO DE S. PAULO. As diretrizes. São Paulo, 27 maio de 1979, p. 39.

OLIVEIRA, Celso Feliciano de & VASCONCELOS, Antonio Telles de. Um processo para determinar o interesse público. *O Público.* São Paulo, ABRP, 13:1, março/abril 1981.

OLIVEIRA, José Xavier de. *Usos e abusos de relações públicas.* Rio de Janeiro, Fundação Getúlio Vargas, 1971.

PAOLI, Niuvenius Junqueira. *Ideologia e hegemonia — as condições de produção da educação.* 2.ª ed. São Paulo, Cortez Editora e Editora Autores Associados, 1981.

PENTEADO, José Roberto Whitaker. *Relações públicas nas empresas modernas.* Lisboa, Centro do Livro Brasileiro, s/d.

PEREIRA, Evaldo Simas. "Relações públicas: incompreendida, suspeitada, mas afinal aceita e triunfante". In: JAMESON, Samuel H. (org.). *Relações públicas.* 2.ª ed. Rio de Janeiro, Fundação Getúlio Vargas, 1962. p. 183 a 188. (Textos Selecionados de Administração Pública, 4.)

PERUZZO, Cicilia M. Krohling. *Relações públicas: como servir os interesses populares.* São Bernardo do Campo, Metodista, 1980. (mimeog.)

—————. Hegemonia e relações públicas. *Revista Comunicação e Sociedade.* São Paulo, Metodista/Cortez, 2: 171 a 181, 1979.

PERUZZO, Dilvo. *Brasil: da crise de 1929 ao Estado Novo.* São Paulo, Escola de Sociologia e Política de São Paulo, 1976. (mimeog.)

PORTELLI, Hugues. *Gramsci e o bloco histórico.* Rio de Janeiro, Paz e Terra, 1977.

PÔRTO, Sergio Dayrell. *A nova opulência das gerais.* Brasília, Universidade de Brasília, 1977. (mimeog.)

POULANTZAS, Nicos. *Poder político e classes sociais.* São Paulo, Martins Fontes, 1977.

POYARES, Walter Ramos. *Comunicação social e relações públicas.* 2.ª ed. Rio de Janeiro, Agir, 1974.

QUEIROZ, José J. *Relações públicas a serviço dos interesses populares.* São Bernardo do Campo, Metodista, 1980. (mimeog.)

RAINHO, Luis Flávio. *Os peões do grande ABC.* Petrópolis, Vozes, 1980.

RAMOS, Hebe Wey. *O processo de relações públicas.* São Paulo, Escola de Sociologia e Política de São Paulo, 1979. (mimeog.)

RAMPAZZO, Gilnei. A imagem oficial retocada para consumo. *O Estado de S. Paulo.* São Paulo, 16 out. 1977, p. 8.

REGULAMENTO INTERNO. Santo André, Companhia Telefônica da Borda do Campo, s/d.

REVISTA RELAÇÕES PÚBLICAS. São Paulo, Brasileiros Associados, set./out. 1979. n.º 13/14.

RIBEIRO, Darci. *As Américas e a civilização.* Rio de Janeiro, Civilização Brasileira, 1970. (Estudos de Antropologia da Civilização, 2.)

SEPARATA DOS ANAIS DA XIV CONFERÊNCIA INTERAMERICANA DE RELAÇÕES PÚBLICAS. São Paulo, ABRP, 1979.

SILVA, Benedicto. "A degeneração das relações públicas". In: JAMESON, Samuel H. (org.). *Relações públicas.* 2.ª ed. Rio de Janeiro, Fundação Getúlio Vargas, 1962. p. 47 a 51 (Textos Selecionados de Administração Pública, 4.)

—————. "Ramos distintos da publicidade." In: JAMESON, Samuel H. (org.). *Relações públicas.* 2.ª ed. Rio de Janeiro, Fundação Getúlio Vargas, 1962. p. 141 a 148. (Textos Selecionados de Administração Pública, 4.)

SILVEIRA, Paulo. *Do lado da história — uma leitura crítica da obra Althusser.* São Paulo, Polis, 1978.

SOLAR, Francisco José del. *Importância de las relaciones públicas en el processo de cambio.* Peru, Relacionistas Asociados, 1973.

STAVENHAGEM, Rodolfo. "Estratificação social e estrutura de classes". In: VELHO, Otávio Guilherme C.A. et alii (orgs.). *Estrutura de classes e estratificação social.* Rio de Janeiro, Zahar, 1976. p. 133 a 170.

STEINBERG, Charles S. "Relações públicas e comunicação de massa". In: STEINBERG, Charles S. (org.). *Meios de comunicação de massa.* São Paulo, Cultrix, 1972. p. 504 a 512.

TORQUATO, Gaudêncio. O mito da felicidade na comunicação empresarial. *Revista Comunicação e Sociedade.* São Paulo, Metodista/Cortez, 1: 61 a 70, julho 1979.

TRAGTENBERG, Maurício. *Burocracia e ideologia.* São Paulo, Ática, 1980.

TROTSKY, Leon. *A revolução permanente.* São Paulo, Ciências Humanas, 1979.

VALLE, Ney Peixoto do. "Conscientização empresarial da importância de relações públicas". In: ANDRADE, C. Teobaldo de S. (org.). *Mini-anais da II semana paulista de estudos de relações públicas.* S. Paulo, USP/Escola de Comunicações e Artes, 1972. p. 11 a 27.

NOVAS BUSCAS EM COMUNICAÇÃO
VOLUMES PUBLICADOS

1. *Comunicação: teoria e política* — José Marques de Meio.
2. *Releasemania — uma contribuição para o estudo do release no Brasil* — Gerson Moreira Lima.
3. *A informação no rádio — os grupos de poder e a determinação dos conteúdos* — Gisela Swetlana Ortriwano.
4. *Política e imaginário nos meios de comunicação para massas no Brasil* — Ciro Marcondes (organizador).
5. *Marketing político governamental — um roteiro para campanhas políticas e estratégias de comunicação* — Francisco Gaudêncio Torquato do Rego.
6. *Muito além do jardim botânico* — Carlos Eduardo Lins da Silva.
7. *Diagramação — o planejamento visual gráfico na comunicação impressa* — Rafael Souza Silva.
8. *Mídia: o segundo Deus* — Tony Schwartz.
9. *Relações públicas no modo de produção capitalista* — Cicilia Krohling Peruzzo.
10. *Comunicação de massa sem massa* — Sérgio Caparelli.
11. *Comunicação empresarial/comunicação institucional* — Francisco Gaudêmio Torquato do Rego.
12. *O processo de relações públicas* — Hebe Wey.
13. *Subsídios para uma teoria da comunicação de massa* — Luiz Beltrão e Newton de Oliveira Quirino.
14. *Técnica de reportagem — notas sobre a narrativa jornalística* — Muniz Sodré e Maria Helena Ferrari.
15. *O papel do jornal — uma releitura* — Alberto Dines.
16. *Novas tecnologias de comunicação — impactos políticos, culturais e socioeconômicos* — Anamaria Fadul (coordenadora).
17. *Planejamento de relações públicas na comunicação integrada* — Margarida Maria Krohling Kunsch.
18. *Propaganda para quem paga a conta — do outro lado do muro, o anunciante* — Plinio Cabral.
19. *Do jornalismo político à indústria cultural* — Gisela Taschner Goldenstein.
20. *Projeto gráfico — teoria e prática da diagramação* — Antonio Celso Collaro.
21. *A retórica das multinacionais — a legitimação das organizações pela palavra* — Tereza Lúcia Halliday.
22. *Jornalismo empresarial — teoria e prática* — Francisco Gaudêncio Torquato do Rego.
23. *O jornalismo na nova república* — Cremilda Medina (organizadora).
24. *Notícia: um produto à venda — jornalismo na sociedade urbana e industrial* — Cremilda Medina.
25. *Estratégias eleitorais — marketing político* — Carlos Augusto Manhanelli.
26. *Imprensa e liberdade — os princípios constitucionais e a nova legislação* — Freitas Nobre.
27. *Atos retóricos — mensagens estratégicas de políticos e igrejas* — Tereza Lúcia Halliday.

28. *As telenovelas da Globo — produção e exportação* — José Marques de Melo.
29. *Atrás das câmeras — relações entre cultura, Estado e televisão* — Laurindo Lalo Leal Filho.
30. *Uma nova ordem audiovisual — comunicação e novas tecnologias* — Cândido José Mendes de Almeida.
31. *Estrutura da informação radiofônica* — Emilio Prado.
32. *Jornal-laboratório — do exercício escolar ao compromisso com o público leitor* — Dirceu Fernandes Lopes.
33. *A imagem nas mãos — o vídeo popular no Brasil* — Luiz Fernando Santoro.
34. *Espanha: sociedade e comunicação de massa* — José Marques de Melo.
35. *Propaganda institucional — usos e funções da propaganda em relações públicas* — J. B. Pinho.
36. *On camera — o curso de produção de filme e vídeo da BBC* — Harris Watts.
37. *Mais do que palavras — uma introdução à teoria da comunicação* — R. Dimbleby e Graeme Burton.
38. *A aventura da reportagem* — Gilberto Dimenstein e Ricardo Kotscho.
39. *O adiantado da hora — a influência americana sobre o jornalismo brasileiro* — Carlos Eduardo Lins da Silva.
40. *Consumidor versus propaganda* — Gino Giacomini Filho.
41. *Complexo de Clark Kent — são super-homens os jornalistas?* — Geraldinho Vieira.
42. *Propaganda subliminar multimídia* — Flávio Calazans.
43. *O mundo dos jornalistas* — Isabel Travancas.
44. *Pragmática do jornalismo — buscas práticas para uma teoria da ação jornalística* — Manuel Carlos Chaparro.
45. *A bola no ar — o rádio esportivo em São Paulo* — Edileuza Soares.
46. *Relações públicas — função política* — Roberto Porto Simões.
47. *Espreme que sai sangue — um estudo do sensacionalismo na imprensa* — Danilo Angrimani.
48. *O século dourado — a comunicação eletrônica nos EUA* — Sebastião Carlos de Moraes Squirra.
49. *Comunicação dirigida na empresa* — Cleusa G. Gimenez Cesca.
50. *Informação eletrônica e novas tecnologias* — María-José Recorder, Ernest Abadal e Luís Codina.
51. *É pagar para ver — a TV por assinatura em foco* — Luiz Guilherme Duarte.
52. *O estilo magazine: o texto em revista* — Sergio Vilas Boas.
53. *O poder das marcas* — J. B. Pinho.
54. *Jornalismo, ética e liberdade* — Francisco José C. Karam.
55. *A melhor TV do mundo* — Laurindo Lalo Leal Filho.
56. *Relações públicas e modernidade — novos paradigmas em comunicação organizacional* — Margarida Maria Krohling Kunsch.
57. *Radiojornalismo* — Paul Chantler e Sim Harris.
58. *Jornalismo diante das câmeras — um guia para repórteres e apresentadores de telejornais* — Ivor Yorke.
59. *A rede — como nossas vidas serão transformadas pelos novos meios de comunicação* — Juan Luis Cebrián.
60. *Transmarketing — estratégias avançadas de relações públicas no campo do marketing* — Waldir Gutierrez Fortes.
61. *Publicidade e vendas na internet — técnicas e estratégias* — J. B. Pinho.
62. *Produção de rádio — um guia abrangente da produção radiofônica* — Robert McLeish.
63. *Manual do telespectador insatisfeito* — Wagner Bezerra.
64. *Relações públicas e micropolítica* — Roberto Porto Simões.
65. *Desafios contemporâneos em comunicação* — Ricardo Ferreira Freitas, Luciane Lucas (organizadores).
66. *Vivendo com a telenovela — mediações, recepção, teleficcionalidade* — Maria Immacolata Vassallo de Lopes; Silvia Helena Simões Borelli; Vera da Rocha Resende.
67. *Biografias e biógrafos — Jornalismo sobre personagens* — Sergio Vilas Boas.
68. *Relações públicas na internet* — J. B. Pinho.
69. *Perfis — e como escrevê-los* — Sergio Vilas Boas.
70. *O Jornalismo na era da publicidade* — Leandro Marshall.
71. *Jornalismo na internet* - J.B. Pinho.

www.gruposummus.com.br

IMPRESSO NA
sumago gráfica editorial ltda
rua itauna, 789 vila maria
02111-031 são paulo sp
tel e fax 11 **2955 5636**
sumago@sumago.com.br